Ksenija Ponomarenko
Anatolij Pudel'

Métodos para garantir a segurança dos grandes volumes de dados (Big Data)

Ksenija Ponomarenko
Anatolij Pudel'

Métodos para garantir a segurança dos grandes volumes de dados (Big Data)

sector bancário

ScienciaScripts

Imprint
Any brand names and product names mentioned in this book are subject to trademark, brand or patent protection and are trademarks or registered trademarks of their respective holders. The use of brand names, product names, common names, trade names, product descriptions etc. even without a particular marking in this work is in no way to be construed to mean that such names may be regarded as unrestricted in respect of trademark and brand protection legislation and could thus be used by anyone.

Cover image: www.ingimage.com

This book is a translation from the original published under ISBN 978-620-8-01131-4.

Publisher:
Sciencia Scripts
is a trademark of
Dodo Books Indian Ocean Ltd. and OmniScriptum S.R.L publishing group

120 High Road, East Finchley, London, N2 9ED, United Kingdom
Str. Armeneasca 28/1, office 1, Chisinau MD-2012, Republic of Moldova, Europe
Printed at: see last page
ISBN: 978-620-8-12903-3

CONTEÚDO

INTRODUÇÃO

No mundo atual, o processamento e a análise de grandes quantidades de dados estão a tornar-se uma tarefa cada vez mais importante para vários sectores, incluindo o sector bancário. Os grandes dados, ou Big Data, são informações que se caracterizam por uma elevada velocidade de chegada, grande volume e variedade de fontes, valor e fiabilidade

O próprio nome "grandes volumes de dados" refere-se à dimensão substancial dos dados que estão a ser processados. Os grandes volumes de dados são os enormes "volumes" de dados gerados diariamente por muitas fontes, como processos empresariais, máquinas, plataformas de redes sociais, redes, interação humana, etc.

Os grandes dados podem ser estruturados, não estruturados e semi-estruturados e podem ser recolhidos a partir de várias fontes de dados. Anteriormente, os dados eram acumulados apenas a partir de bases de dados e folhas de cálculo, mas, nos tempos modernos, os dados apresentam-se sob formas completamente diferentes: ficheiros PDF, e-mails, ficheiros de áudio, mensagens electrónicas, fotografias digitais, fluxos de vídeo digital, etc.

A população total de dados pode ser classificada de acordo com o seu grau de ordenação da seguinte forma

- Dados estruturados: num esquema estruturado, com todas as colunas necessárias. Esses dados estão em forma de tabela e são armazenados num sistema de gestão de bases de dados;

- Dados semi-estruturados: no modo semi-estruturado, o esquema de dados não está corretamente definido. Exemplos deste tipo de armazenamento de dados são os formatos de ficheiros JSON, XML, CSV, TSV e de correio eletrónico. Os sistemas OLTP (processamento de transacções em linha) são concebidos para lidar com dados semi-estruturados. Estes são armazenados sob a forma de tabelas.

- Dados não estruturados: todos os ficheiros não estruturados, ficheiros de registo, ficheiros áudio e ficheiros de imagem estão incluídos nos dados não estruturados. Algumas organizações possuem uma grande quantidade de dados, mas não sabem como determinar o valor dos dados, porque estes estão em bruto.

- Dados quase-estruturados. O formato dos dados contém dados de texto de formato inconsistente, cuja formatação exige esforço e tempo.

Os grandes volumes de dados caracterizam-se igualmente por um certo número de propriedades:

A credibilidade é uma propriedade dos dados que permite um processamento e uma gestão eficientes dos mesmos.

O valor é a caraterística mais importante dos grandes volumes de dados. O valor dos dados é um conceito que descreve a importância e a utilidade das informações que podem ser extraídas dos dados. O valor dos dados pode ser definido de diferentes formas, consoante o contexto e os objectivos.

A velocidade é o ritmo a que os dados são criados em tempo real. Contém a ligação de velocidades de conjuntos de dados recebidos, taxas de mudança e explosões de atividade. O principal aspeto distintivo dos grandes volumes de dados é a necessidade de fornecer rapidamente os dados necessários.

A velocidade dos grandes volumes de dados está relacionada com a velocidade dos fluxos de dados provenientes de fontes: registos de aplicações, processos empresariais, redes e sítios de redes sociais, sensores, dispositivos móveis, etc.

À medida que o volume e a importância dos dados aumentam, também aumentam as novas ameaças à segurança. A banca é um dos sectores mais vulneráveis a este respeito, uma vez que contém uma grande quantidade de informações confidenciais sobre clientes, transacções financeiras e informações comerciais. A perda ou fuga de tais informações pode ter consequências graves, incluindo perdas financeiras, danos à reputação e violação da legislação, bem como a retirada da cooperação de parceiros comerciais importantes.

Os problemas acima referidos têm um impacto direto no desenvolvimento das soluções de segurança necessárias para proteger os grandes volumes de dados. No entanto, uma vez que a segurança da informação é sempre uma abordagem complexa, não existe uma solução de segurança pronta a utilizar que satisfaça as necessidades de todas as organizações.

Este documento analisa técnicas de segurança em grandes volumes de dados. Serão discutidas várias abordagens de segurança, como a cifragem de dados, o controlo de acesso, a autenticação e a auditoria. Serão destacadas as vantagens e desvantagens das técnicas e a sua aplicabilidade no contexto dos grandes volumes de dados.

Será também dada atenção à lista de requisitos regulamentares e normas de segurança existentes no sector bancário da República do Cazaquistão aplicáveis ao tratamento de grandes volumes de dados.

Com base na investigação realizada, será desenvolvido um conjunto de normas e recomendações para garantir a segurança dos grandes volumes de dados no sector bancário da República do Cazaquistão. Serão definidos os principais princípios e abordagens para garantir a segurança e serão apresentadas recomendações específicas sobre a aplicação destes métodos no sector bancário.

Será descrita uma abordagem geral de ensaio para os métodos desenvolvidos. Serão definidos os critérios de eficácia dos métodos de segurança de grandes volumes de dados. As vantagens e desvantagens de cada método serão identificadas e os seus domínios de aplicação serão definidos.

O capítulo final descreverá a abordagem geral para a implementação das normas e recomendações desenvolvidas no sector bancário da República do Cazaquistão. Serão discutidos aspectos práticos da implementação, tais como a necessidade de formação do pessoal, alterações aos processos e sistemas existentes e uma avaliação dos benefícios da implementação destas práticas.

Assim, este documento tem como objetivo estudar e analisar comparativamente os métodos para garantir a segurança dos grandes volumes de dados, bem como desenvolver normas e recomendações para a sua aplicação no sector bancário da República do Cazaquistão. Os resultados deste estudo podem ser úteis para as organizações que trabalham com grandes volumes de dados, especialmente no sector bancário, onde a segurança dos dados é fundamental.

1 INTRODUÇÃO ÀS QUESTÕES DE SEGURANÇA NOS GRANDES VOLUMES DE DADOS

1.1 Panorâmica dos métodos de proteção dos grandes volumes de dados

O mundo moderno tem assistido a um crescimento explosivo da quantidade de dados gerados e acumulados todos os dias. Este fenómeno, conhecido como "grandes dados" ou "Big Data", representa um enorme potencial para várias indústrias, incluindo a banca. Os Big Data podem ajudar os bancos a tomar decisões mais informadas, melhorar o serviço ao cliente, detetar actividades fraudulentas e muito mais. No entanto, juntamente com estas oportunidades surgem novos desafios, especialmente no domínio da segurança dos dados [1].

A segurança dos dados é um dos desafios mais importantes enfrentados pelas organizações que lidam com grandes volumes de dados. Dado o volume e a variedade de dados, bem como a velocidade a que são processados, a segurança dos grandes volumes de dados está a tornar-se um desafio. Os cibercriminosos estão constantemente a melhorar os seus métodos de pirataria informática e de roubo de dados, colocando sérias ameaças à segurança do sector bancário. As empresas e organizações devem estar preparadas para proteger os dados de várias ameaças, incluindo o acesso não autorizado e a modificação de dados, o roubo de informações (fuga), os ciberataques destinados a bloquear o acesso aos dados e outros tipos de ataques [2].

Um dos principais problemas no domínio da segurança dos dados no sector bancário do Cazaquistão é a falta de sensibilização e a subestimação dos riscos inerentes às tecnologias da informação por parte das instituições bancárias. Muitos bancos não dão a devida importância à segurança dos dados, não investem recursos suficientes e não desenvolvem estratégias eficazes de proteção da informação. Esta situação deve-se, na maioria das vezes, a uma compreensão insuficiente do nível de impacto nas actividades da organização quando os riscos de segurança da informação se concretizam e, consequentemente, à subestimação da importância de afetar os recursos necessários à segurança dos dados, bem como à falta de especialistas qualificados em segurança da informação. Estudos repetidos sobre o nível de segurança da informação no mercado bancário do Cazaquistão confirmam que mesmo as organizações maduras com grandes orçamentos de TI não prestam frequentemente a devida atenção à avaliação correta dos riscos e à configuração dos meios de proteção da informação [3].

Existem mais de setenta (70) actos jurídicos e leis que regulamentam os requisitos para garantir a segurança da informação do sector financeiro no Cazaquistão. O quadro 1 do presente estudo apresenta uma lista mais pormenorizada desses actos e leis. Ao mesmo tempo, não existe um documento único que reúna todos os requisitos necessários para garantir a segurança da informação quando os bancos da República do Cazaquistão utilizam o processamento de grandes volumes de dados. A regulamentação da segurança da informação dos bancos no Cazaquistão consiste nos requisitos das leis e dos estatutos elaborados pelos seguintes organismos estatais: a Agência da República do Cazaquistão para a Regulamentação e o Desenvolvimento do Mercado Financeiro (a seguir designada ARDF), o Banco Nacional da República do Cazaquistão, o Ministério do Desenvolvimento Digital, da Inovação e da Indústria Aeroespacial, o Comité de Segurança Nacional, o Ministério das Finanças, a Agência da República do Cazaquistão para a Monitorização Financeira, o Comité do Centro Financeiro Internacional e o Ministério das Finanças. No entanto, um domínio regulamentar tão vasto é mal aplicado nos bancos devido aos recursos limitados atribuídos pelo Estado para controlar o cumprimento dos requisitos de segurança da informação estabelecidos. Ao mesmo tempo, é de notar que o atual código administrativo da República do Cazaquistão não contém quaisquer artigos relacionados com a violação dos requisitos de segurança da informação no mercado financeiro. O principal papel na regulação do mercado financeiro é desempenhado pela ARFM, em conformidade com o mandato conferido pela Lei da RK de 04.07.2003. "A combinação destes factores é uma condição prévia para o atual nível de vulnerabilidade dos bancos aos ciberataques.

O Cazaquistão tem uma lei e regulamentos destinados a proteger dados pessoais, segredos bancários, segredos de Estado, segredos comerciais e outros tipos de segredos, enquanto os actos regulamentares não destacam os requisitos de segurança aplicáveis à proteção de grandes volumes de dados. A exceção é a área da gestão de dados nas autoridades públicas e nos sistemas de informação que lhes pertencem (o Despacho do Ministro do Desenvolvimento Digital, da Inovação e da Indústria Aeroespacial n.º 385/NK, de 14.10.2022, aprovou os "Requisitos de Gestão de Dados") [4], que estabelece os princípios da pureza dos dados, define o modelo de papel dos participantes que processam dados e estabelece requisitos de proteção de dados de nível superior. Entre eles, podemos citar:

- determinar o grau de necessidade de proteção dos dados em função da classe dos dados, que é atribuída em função da sua amplitude, integridade e importância crítica, de acordo com o classificador dos objectos de informatização;
- recolha e análise de dados sobre o estado da segurança da informação na organização;

- avaliação de riscos e planeamento de medidas de tratamento de riscos em caso de possível fuga (divulgação), distorção, eliminação (perda) de dados;
- implementação e aplicação de controlos adequados, atribuição de funções e responsabilidades, formação do pessoal e trabalho operacional para implementar medidas de proteção;
- acompanhar o funcionamento dos controlos, avaliar a sua eficácia e as medidas corretivas adequadas;
- cumprimento dos requisitos no domínio das tecnologias da informação e da comunicação e da segurança da informação aprovados pelo Governo.

O conceito de tratamento e recolha de grandes volumes de dados está em contradição com um dos princípios da segurança da informação "suficiência mínima de autoridade", bem como é difícil de compatibilizar com o princípio da limitação do tratamento de dados pessoais para fins pré-determinados, estabelecido na Lei da República do Cazaquistão "Sobre dados pessoais e sua proteção".

Atualmente, não existem coimas significativas que possam obrigar os operadores de megadados a implementar medidas de segurança. Por exemplo, no primeiro trimestre de 2024, no sector financeiro, houve uma grande fuga de uma grande base de dados que continha dados pessoais de cidadãos da República do Cazaquistão, que incluía os dados de dois milhões de pessoas na empresa "MFO "Robokash.kz" LLP, enquanto, de acordo com a legislação em vigor, a empresa incorreu numa multa insignificante de 1,8 milhões de tenge. Como resultado, não há motivação para investir na investigação e desenvolvimento da segurança da informação. Alguns Estados estão apenas a começar a pensar em redigir leis para regulamentar o big data. Ainda não é claro como é que as leis para proteger os dados pessoais e outros tipos de sigilo irão afetar as leis para regular o armazenamento e o processamento de Big Data.

No âmbito do presente documento, iremos investigar e comparar diferentes métodos para garantir a segurança na utilização de grandes volumes de dados. O nosso objetivo é desenvolver normas e recomendações para a aplicação destes métodos no sector bancário da República do Cazaquistão. Os bancos são um sector especial onde a segurança dos dados é de extrema importância. A fuga de informações sobre os clientes ou a atividade fraudulenta podem ter consequências graves para o banco e os seus clientes. Por conseguinte, é necessário desenvolver métodos eficazes para garantir a segurança dos grandes volumes de dados, que tenham em conta os requisitos específicos e as caraterísticas regulamentares do sector bancário [5].

Neste estudo, analisaremos vários aspectos da segurança em Big Data, incluindo a proteção de dados em repouso, durante a transmissão e durante o processamento. Exploraremos também os diferentes tipos de ataques que podem visar os dados e a forma de os evitar. Será dada especial atenção aos mecanismos de autenticação e autorização, à cifragem dos dados, à monitorização e deteção de anomalias, à configuração correta do hardware e software de processamento de dados e ao controlo do acesso aos dados [6].

Um dos principais aspectos da segurança dos grandes volumes de dados é a proteção contra o acesso não autorizado. No sector bancário, onde a confidencialidade e a integridade dos dados são de particular importância, o acesso não autorizado pode ter consequências graves. Por conseguinte, ao conceber sistemas de megadados, é importante utilizar mecanismos de autenticação e autorização que permitam que apenas a lista necessária de utilizadores aceda aos dados. Isto pode ser conseguido através da utilização de palavras-passe fortes (tais palavras-passe são difíceis de adivinhar ou de retirar), da autenticação multifactor (um método de autenticação em que é pedido ao utilizador que apresente, pelo menos, dois tipos diferentes de dados de prova: o que o utilizador tem e o que o utilizador sabe; o que o utilizador é), de métodos biométricos e de outras tecnologias modernas.

Outro aspeto de segurança importante do processamento de grandes volumes de dados é a encriptação de dados. A encriptação ajuda a proteger os dados contra o acesso não autorizado, mesmo que um atacante consiga obter acesso físico ao armazenamento de dados. Existem vários métodos de encriptação, incluindo a encriptação simétrica e assimétrica. A encriptação simétrica utiliza a mesma chave para encriptar e desencriptar dados, enquanto a encriptação assimétrica utiliza um par de chaves - uma chave pública e uma chave privada. Ambos os métodos têm as suas vantagens e desvantagens, e a escolha do método depende dos requisitos e restrições específicos.

A monitorização e a deteção de anomalias também desempenham um papel importante na segurança dos grandes volumes de dados. A monitorização permite-lhe acompanhar as consultas de dados e identificar actividades suspeitas que podem indicar tentativas de acesso não autorizado ou ajudar a identificar violações de dados que tenham ocorrido. A deteção de anomalias baseia-se na análise de dados e na identificação de padrões invulgares ou inesperados. Isto pode ser conseguido através da utilização de métodos estatísticos para detetar determinados padrões nos registos de eventos de acesso aos dados, ou através da utilização de aprendizagem automática e da análise de grandes volumes de dados. As técnicas de monitorização e de deteção de anomalias podem ser ferramentas eficazes para detetar e prevenir ataques e melhorar a proteção dos dados.

A gestão do acesso aos dados é também um aspeto importante da segurança nos grandes volumes de dados. No sector bancário, onde o acesso aos dados pode ser dividido em diferentes níveis e funções, é importante dispor de mecanismos que permitam controlar o acesso aos dados com base na função e nos direitos do utilizador. Isto pode ser conseguido através de controlo de acesso baseado em funções, controlo de acesso baseado em mandatos, políticas de acesso baseadas em atributos e outros métodos de controlo de acesso.

Neste documento, vamos investigar vários métodos para garantir a segurança dos grandes volumes de dados e comparar a sua eficácia e aplicabilidade no sector bancário da República do Cazaquistão. Também desenvolveremos normas e recomendações para a aplicação destes métodos no sector bancário, que ajudarão os bancos a aumentar o nível de proteção dos seus dados e a protegerem-se de várias ameaças à segurança da informação.

1.2 Relevância do estudo da segurança no sector bancário da República do Cazaquistão

O mundo moderno caracteriza-se por uma enorme quantidade de informação que é gerada e recolhida a cada segundo. Os grandes volumes de dados tornaram-se parte integrante das nossas vidas e são utilizados em vários sectores, incluindo o sector bancário. No entanto, à medida que o volume e a complexidade dos dados aumentam, surgem novos desafios relacionados com a segurança dos dados.

O sector bancário é um dos sectores mais críticos e importantes da economia de qualquer país, incluindo a República do Cazaquistão. Os bancos armazenam enormes quantidades de informações confidenciais sobre os seus clientes, incluindo dados pessoais, transacções financeiras, histórico de transacções, etc. Esta informação é um bem valioso e pode ser utilizada por criminosos para fraude, roubo de identidade e outras actividades criminosas.

Com o desenvolvimento da tecnologia e o aparecimento de grandes volumes de dados, o sector bancário tem enfrentado novos desafios em matéria de segurança. O volume e a complexidade dos dados aumentaram significativamente, o que exige novas abordagens e métodos para garantir a sua proteção. Além disso, surgiram novas ameaças, como ataques de hackers a sistemas de processamento de bases de dados, ameaças internas através da utilização de administradores de TI não fiáveis, violações de dados acidentais ou deliberadas, entre outras.

A situação na República do Cazaquistão não é exceção. O sector bancário do país está a desenvolver e a utilizar ativamente os megadados para melhorar as suas operações. No entanto, a segurança dos dados continua a ser um problema urgente. Nos países da CEI, há uma série de factores que tornam este problema particularmente importante [7,8].

Em primeiro lugar, a República do Cazaquistão é uma economia emergente e o sector bancário desempenha um papel importante no seu desenvolvimento. Os bancos estão a introduzir ativamente novas tecnologias e a utilizar grandes volumes de dados para otimizar as suas operações e melhorar a eficiência dos seus serviços. No entanto, à medida que a utilização de grandes volumes de dados aumenta, aumenta também o risco de fuga ou de acesso não autorizado aos mesmos.

Em segundo lugar, o Cazaquistão é um país com uma infraestrutura de informação desenvolvida, o que aumenta a superfície de ataque e o torna mais vulnerável a ciberataques. A cibercriminalidade está a tornar-se mais generalizada e sofisticada, e o sector bancário é um dos seus principais alvos. A República do Cazaquistão está a tomar várias medidas para aumentar a sua resistência aos ciberataques. A República do Cazaquistão ocupa a 78.ª posição entre 176 países no Índice Mundial de Cibersegurança [9].

Em terceiro lugar, o Cazaquistão está a trabalhar ativamente na modernização tecnológica do seu sistema bancário e na introdução de novos princípios metodológicos do sistema financeiro. Isto inclui a utilização de tecnologias de computação em nuvem, a aplicação dos princípios da banca aberta, o concurso digital de análise de dados e outras soluções inovadoras. No entanto, com a utilização crescente dessas tecnologias, estão a surgir novas ameaças à segurança que exigem medidas adicionais de proteção de dados. Assim, no relatório sobre as actividades da Agência da República do Cazaquistão em matéria de regulação e desenvolvimento do mercado financeiro para 2022, é indicado que os bancos no Cazaquistão enfrentaram 91 (noventa e um) incidentes de segurança da informação durante o ano [10].

A relevância da tese "Investigação e análise comparativa de métodos de segurança em Big Data (Grandes Dados) e desenvolvimento de recomendações para a sua aplicação" é condicionada, entre outras coisas, pela necessidade constante de modificar métodos para garantir a segurança e a confidencialidade da informação no domínio dos serviços bancários, devido à melhoria contínua dos métodos, tecnologias e nível de formação dos atacantes. Com o crescente volume de dados e a utilização de novas tecnologias, como a Big Data, os bancos enfrentam ameaças de hackers, cibercriminosos e atacantes internos. O desenvolvimento de normas e recomendações práticas ajudará os bancos a proteger os dados de forma mais eficaz, a reduzir os riscos de fuga e de acesso não autorizado e a melhorar o cumprimento dos requisitos legais para a proteção de dados pessoais e de outros dados sensíveis.

O objeto de investigação do artigo "Investigação e análise comparativa de métodos para garantir a segurança em grandes volumes de dados (Big Data) e desenvolvimento de recomendações para a sua aplicação" é o sector bancário da República do Cazaquistão, no qual a utilização de grandes volumes de dados está cada vez mais generalizada. O tema do estudo são as normas e recomendações práticas que podem ser desenvolvidas para garantir a segurança quando se trabalha com grandes volumes de dados no sector bancário da República do Cazaquistão. Devido ao crescente volume e importância dos dados no sector bancário, é necessário desenvolver métodos e ferramentas eficazes para garantir e proteger a segurança da informação, bem como estabelecer normas e recomendações para a sua aplicação. Isto permitirá que os bancos da República do Cazaquistão trabalhem com confiança com grandes volumes de dados, minimizem os riscos e garantam a proteção da confidencialidade e da integridade dos dados dos seus clientes. O trabalho tem como objetivo analisar os métodos existentes para garantir a segurança no domínio dos grandes volumes de dados e desenvolver normas e recomendações que possam ser aplicadas no sector bancário do Cazaquistão para garantir a segurança e a proteção da confidencialidade dos dados.

O presente documento passará em revista os conceitos e princípios básicos da segurança dos dados e a sua importância para o sector bancário, analisará os métodos de segurança dos dados existentes e a sua aplicabilidade no contexto dos grandes volumes de dados, analisará vários métodos e tecnologias utilizados para garantir a segurança dos dados em grandes volumes e a sua aplicabilidade no sector bancário da República do Cazaquistão, proporá recomendações e normas específicas que podem ser utilizadas pelos bancos para garantir a segurança dos dados no contexto

A segurança dos dados no processamento de grandes volumes de dados é um problema urgente e complexo, especialmente no sector bancário. A República do Cazaquistão, com a sua economia em desenvolvimento e ciberinfra-estruturas desenvolvidas, enfrenta ameaças à segurança dos dados que exigem medidas abrangentes de proteção de dados. O desenvolvimento de recomendações para garantir a segurança dos grandes volumes de dados no sector bancário da República do Cazaquistão ajudará a garantir a confidencialidade e a integridade dos dados do sector financeiro, bem como a reduzir possíveis ameaças e perdas.

1.3 Finalidades e objectivos do estudo

A segurança dos dados é um dos principais aspectos da segurança da informação, especialmente no sector bancário. Os bancos processam grandes quantidades de informações sobre os seus clientes, incluindo dados pessoais, informações financeiras e outras informações sensíveis [10]. Por conseguinte, a proteção dos dados dos clientes é uma prioridade para os bancos [11].

No entanto, garantir a segurança dos grandes volumes de dados é uma tarefa complexa que exige abordagens e métodos especiais. Em primeiro lugar, os grandes volumes de dados caracterizam-se por um elevado grau de heterogeneidade e dinamismo. Podem ser recolhidos a partir de uma variedade de fontes, incluindo redes sociais, dispositivos móveis, sensores e outras fontes. Isto significa que os dados podem ter diferentes formatos e estruturas, o que complica o seu processamento e análise [12].

Em segundo lugar, os grandes volumes de dados caracterizam-se por um elevado volume e taxas de atualização. O volume de dados pode atingir vários petabytes e continuar a crescer. Este facto exige tecnologias e infra-estruturas especializadas para o armazenamento, a transmissão e o tratamento dos dados. Além disso, os dados podem ser actualizados em tempo real, o que exige um processamento e uma análise rápidos [13].

Em terceiro lugar, os grandes volumes de dados contêm frequentemente informações sensíveis que podem ser utilizadas para fins ilegais, como a fraude, o roubo de identidade e outros crimes. Por conseguinte, a segurança dos dados torna-se uma preocupação particularmente importante no contexto dos grandes volumes de dados.

O objetivo deste documento é investigar e analisar comparativamente as técnicas de segurança em grandes volumes de dados. Para atingir este objetivo, serão consideradas várias abordagens e tecnologias utilizadas para a proteção de dados em grandes volumes de dados. Serão analisadas as suas vantagens e desvantagens, bem como as possibilidades da sua aplicação no sector bancário da República do Cazaquistão.

Para atingir o objetivo, serão realizadas as seguintes tarefas:

1 Examinar os princípios e conceitos básicos de segurança em grandes volumes de dados. Serão discutidos os aspectos básicos da segurança dos dados, como a confidencialidade, a integridade e a disponibilidade. Serão analisadas as principais ameaças à segurança no processamento de grandes volumes de dados e os métodos para as evitar.

2 Analisar os métodos e tecnologias existentes para garantir a segurança dos grandes volumes de dados. Serão consideradas diferentes abordagens à segurança dos dados, incluindo a cifragem, a autenticação, a autorização, a monitorização da segurança e a auditoria. As suas vantagens e desvantagens serão analisadas, bem como as suas potenciais aplicações no contexto dos grandes volumes de dados.

3. estudo da aplicação de métodos de segurança no sector bancário da República do Cazaquistão. Serão analisadas as peculiaridades do sector bancário na República do Cazaquistão e os requisitos de segurança dos dados. Serão considerados exemplos de aplicação de métodos de segurança no sector bancário e a sua eficácia.

4. Desenvolvimento de normas e recomendações sobre a aplicação de métodos de segurança no sector bancário da República do Cazaquistão. Com base nos resultados da investigação, serão desenvolvidas recomendações sobre a aplicação de métodos de segurança no sector

bancário. Serão propostas normas e recomendações sobre a proteção de dados em big data que podem ser utilizadas pelos bancos na República do Cazaquistão.

Assim, este documento tem um significado prático importante, uma vez que o desenvolvimento de normas e recomendações para a aplicação de métodos de segurança em grandes volumes de dados no sector bancário da República do Cazaquistão melhorará o nível de segurança dos dados e protegerá as informações confidenciais dos clientes.

2 MÉTODOS PARA GARANTIR A SEGURANÇA DOS GRANDES VOLUMES DE DADOS

2.1 Métodos criptográficos para proteção de dados em grandes volumes

As técnicas de segurança dos grandes volumes de dados desempenham um papel fundamental na atual sociedade da informação. À medida que a quantidade de dados recolhidos e processados pelas organizações continua a aumentar, torna-se cada vez mais importante protegê-los contra o acesso não autorizado, as fugas e a utilização indevida. Os métodos criptográficos de proteção de grandes volumes de dados são uma das formas mais eficazes de garantir a segurança em tais situações.

A criptografia é a ciência dos métodos para garantir a confidencialidade, a integridade e a autenticidade dos dados utilizando algoritmos matemáticos. É uma ferramenta fundamental na segurança da informação, e a sua aplicação aos grandes volumes de dados não é exceção. Os métodos criptográficos de proteção de grandes volumes de dados podem garantir a confidencialidade e a integridade das informações, bem como a autenticidade e a continuidade da transmissão de dados.

Um dos principais métodos criptográficos de proteção de dados em grandes volumes é a cifragem [14]. A cifragem é o processo de transformar a informação original numa forma ilegível (texto cifrado) utilizando um algoritmo especial (cifra). A cifragem permite a confidencialidade dos dados, dado que só os utilizadores autorizados que possuam a chave de decifragem podem ler os dados. A encriptação pode ser simétrica ou assimétrica.

A encriptação simétrica implica a utilização da mesma chave para encriptar e desencriptar dados. Isto significa que o emissor e o recetor devem ter acesso à mesma chave. A encriptação simétrica é normalmente utilizada para encriptar grandes quantidades de dados porque é mais rápida e mais eficiente do que a encriptação assimétrica. No entanto, a principal desvantagem da encriptação simétrica é que a chave deve ser protegida com mais cuidado quando é utilizada

A encriptação assimétrica, por outro lado, utiliza duas chaves diferentes, uma chave pública e uma chave privada. A chave pública é utilizada para encriptar os dados e a chave privada é utilizada para os desencriptar. A chave pública pode ser distribuída livremente, enquanto a chave privada só deve ser possuída por um número limitado de pessoas. A cifragem assimétrica é normalmente utilizada para trocar chaves para a cifragem simétrica e para garantir a autenticidade dos dados.

Devido ao facto de a cifragem exigir recursos computacionais significativos, a implementação da cifragem no processamento de grandes volumes de dados visa geralmente proteger uma área restrita do conjunto total de grandes volumes de dados. Os proprietários de sistemas de tratamento de grandes volumes de dados (armazéns de dados, lagos de dados) categorizam os tipos de dados armazenados nesses sistemas quando os dividem e processam. Os dados relativos a dados pessoais, bancários, fiscais, médicos, familiares e outros tipos de segredos destacam-se entre o conjunto geral de grandes volumes de dados. É com estas categorias de dados que é razoável efetuar operações de encriptação, para reduzir a carga computacional do equipamento e utilizar os recursos de forma mais adequada. Existem mecanismos de cifragem de dados incorporados em sistemas estruturados de armazenamento e processamento de bases de dados e meios de cifragem "sobrepostos". Um exemplo de mecanismo de cifragem incorporado é a função de cifragem transparente de dados dos sistemas de gestão de bases de dados Oracle (cifragem transparente de dados).[1] Um exemplo de meio "sobreposto" de cifragem de dados numa grande matriz é o complexo de hardware e software Tumar DB, do fabricante cazaque de software e hardware NIL Gamma Technologies LLP. Esta variante de encriptação cumpre os requisitos de encriptação estabelecidos nos actos legislativos da República do Cazaquistão, de acordo com a norma GOST 28147-89 "Sistemas de processamento de informação. Proteção criptográfica. Algoritmo de transformação criptográfica" e corresponde ao terceiro nível de segurança de acordo com ST RK 1073-2007 "Meios de proteção criptográfica da informação. Requisitos técnicos gerais". A aplicação deste método de hardware e software permite fornecer cifragem de dados pessoais em grandes volumes de dados sem reescrever o software de aplicação que utiliza esta matriz de grandes volumes de dados. Os dados são armazenados sob forma cifrada e desencriptados em tempo real a cada pedido, utilizando chaves criptográficas armazenadas num módulo especial de segurança de hardware (HSM).

Para além da cifragem, os métodos criptográficos de proteção de dados em massa incluem também a autenticação e as assinaturas digitais. A autenticação é o processo de verificação da identidade de um utilizador ou sistema. Pode basear-se no conhecimento de uma palavra-passe, na utilização de dados biométricos ou na presença de um dispositivo de autenticação física. A autenticação garante que apenas os utilizadores autorizados têm acesso aos dados.

Uma assinatura digital, por outro lado, é utilizada para garantir a autenticidade e a integridade dos dados. É uma construção matemática que permite ao destinatário verificar que os dados não foram alterados após a operação de assinatura e que foram criados por um remetente específico. Uma assinatura digital é normalmente criada utilizando a chave privada

---

do remetente e pode ser verificada utilizando a chave pública do remetente [15].

Os grandes volumes de dados também apresentam desafios únicos para os métodos criptográficos de proteção de dados. Um desses desafios é a necessidade de um elevado desempenho no processamento e transmissão de grandes quantidades de dados. Os algoritmos criptográficos tradicionais podem ser demasiado lentos para lidar com quantidades tão grandes de dados, pelo que é necessário o desenvolvimento de algoritmos e protocolos especializados.

Outro desafio é a necessidade de garantir a segurança dos dados em sistemas de grandes volumes de dados distribuídos, como a computação em nuvem. Nesses sistemas, os dados podem estar distribuídos por vários nós, o que cria vulnerabilidades adicionais e vectores de ataque e exige o desenvolvimento de métodos de defesa específicos.

Os métodos criptográficos de proteção de dados em grande escala desempenham um papel importante na garantia da segurança da informação na moderna sociedade da informação. Permitem garantir a confidencialidade, a integridade e a autenticidade dos dados, bem como a sua proteção contra o acesso não autorizado e o abuso. No entanto, o desenvolvimento e a aplicação de métodos criptográficos eficazes para grandes volumes de dados é uma tarefa complexa que exige uma melhoria e um desenvolvimento contínuos.

2.2 Métodos de deteção e prevenção de ataques a sistemas de armazenamento e processamento de grandes volumes de dados

Os métodos para garantir a segurança dos grandes volumes de dados desempenham um papel importante nos sistemas de informação modernos. Com o surgimento dos grandes volumes de dados e a sua utilização ativa em vários domínios [16], incluindo a banca, é necessário garantir a segurança desta informação. Nesta secção, analisamos vários métodos para garantir a segurança dos grandes volumes de dados, bem como métodos para detetar e prevenir ataques a sistemas de armazenamento e processamento desses dados.

Um dos principais métodos para garantir a segurança dos grandes volumes de dados é a encriptação. A encriptação protege os dados contra o acesso não autorizado, convertendo-os numa forma incompreensível para os estranhos. Existem diferentes algoritmos de encriptação, como a encriptação simétrica e a assimétrica. A encriptação simétrica utiliza uma única chave para encriptar e desencriptar dados, enquanto a encriptação assimétrica utiliza um par de chaves - pública e privada. A encriptação ajuda a proteger os dados em caso de fuga de dados ou de acesso não autorizado.

Outro método para garantir a segurança dos grandes volumes de dados é o controlo do acesso. O controlo do acesso permite controlar o acesso aos dados e aos recursos do sistema. Existem diferentes modelos de controlo de acesso, como o modelo de acesso discricionário (DAC), o modelo de acesso por mandato (MAC) e o modelo de acesso baseado em funções (RBAC). O modelo DAC dá ao proprietário dos dados a possibilidade de controlar o acesso aos mesmos, o modelo MAC baseia-se na atribuição de níveis de acesso a objectos e sujeitos e o modelo RBAC baseia-se na definição de funções e na sua atribuição aos utilizadores. O controlo do acesso permite a granularidade do acesso aos dados e aos recursos do sistema [17].

Um método adicional para garantir a segurança dos grandes volumes de dados é a monitorização e a auditoria. A monitorização e a auditoria permitem acompanhar as actividades dos utilizadores e do sistema, bem como detetar acções não autorizadas e ataques ao sistema. A monitorização e a auditoria podem ser implementadas utilizando ferramentas e sistemas especiais que registam e analisam todos os eventos que ocorrem no sistema. A monitorização e a auditoria permitem a deteção e a resposta atempadas a potenciais ameaças à segurança em grandes volumes de dados.

Outro método para garantir a segurança dos grandes volumes de dados é a autenticação e a autorização. A autenticação verifica a autenticidade de um utilizador ou sistema, enquanto a autorização determina os direitos de acesso do utilizador aos dados e recursos do sistema. Existem vários métodos de autenticação, como a autenticação por palavra-passe, a autenticação biométrica, a autenticação baseada em fichas e outros. A autorização baseia-se na definição das funções e dos direitos de acesso dos utilizadores. A autenticação e a autorização permitem a segurança dos grandes volumes de dados, impedindo o acesso não autorizado.

São utilizados vários métodos e tecnologias para detetar e prevenir ataques a sistemas de armazenamento e processamento de grandes volumes de dados. Um desses métodos é a aprendizagem automática. A aprendizagem automática pode detetar anomalias e padrões invulgares nos dados, o que pode indicar a presença de um ataque. Existem vários algoritmos de aprendizagem automática, como os algoritmos de classificação, de agrupamento e de deteção de anomalias. A aprendizagem automática pode criar modelos capazes de detetar ataques ao sistema de armazenamento e processamento de grandes volumes de dados.

Outro método de deteção e prevenção de ataques a sistemas de armazenamento e processamento de grandes volumes de dados é a monitorização da rede. A monitorização da rede permite-lhe monitorizar o tráfego da rede e detetar anomalias que possam indicar a presença de um ataque. Existem várias ferramentas e sistemas para a monitorização da rede, como os Sistemas de Deteção de Intrusão (IDS) e os Sistemas de Deteção e Prevenção de Intrusão (IPS). A monitorização da rede permite a deteção e prevenção atempadas de ataques ao sistema de armazenamento e processamento de grandes volumes de dados.

Um método adicional de deteção e prevenção de ataques a sistemas de armazenamento e processamento de grandes volumes de dados consiste em analisar os registos de eventos. Os registos de eventos contêm informações sobre as actividades do utilizador e do sistema e possíveis ataques. A análise dos registos de eventos pode identificar eventos e padrões invulgares que podem indicar a presença de um ataque. Existem várias ferramentas e sistemas para analisar os registos de eventos, como os sistemas de gestão de registos de eventos (SIEM). A análise dos registos de eventos permite a deteção e prevenção atempadas de ataques ao sistema de armazenamento e processamento de grandes volumes de dados.

A encriptação, o controlo do acesso, a monitorização e a auditoria, a autenticação e a autorização são métodos que permitem garantir a segurança dos grandes volumes de dados. Além disso, os métodos de deteção e prevenção de ataques, como a aprendizagem automática, a monitorização da rede e a análise do registo de eventos, ajudam a detetar e prevenir ataques ao sistema de armazenamento e processamento de grandes volumes de dados. O desenvolvimento de normas e recomendações sobre a aplicação destes métodos no sector bancário da República do Cazaquistão é uma tarefa importante para garantir a segurança dos grandes volumes de dados.

2.3 Técnicas de anonimização e pseudonimização de dados num contexto de segurança

Nesta secção, discutimos métodos de anonimização e pseudonimização de dados no contexto da segurança.

A anonimização dos dados é uma das principais técnicas de segurança em grandes volumes de dados. O seu objetivo é remover ou substituir informações de identificação, como nomes, endereços, números de telefone e outras informações pessoais, para evitar que as pessoas sejam identificadas. A anonimização de dados preserva o valor dos dados para análise e investigação, ao mesmo tempo que garante a privacidade e protege as informações pessoais.

Existem várias técnicas de anonimização de dados que podem ser aplicadas no contexto da segurança dos grandes volumes de dados. Um desses métodos consiste em substituir as informações de identificação por valores aleatórios. Por exemplo, os nomes podem ser substituídos por caracteres alfanuméricos aleatórios e os endereços podem ser substituídos por coordenadas aleatórias. Este método preserva a estrutura dos dados e proporciona o anonimato, mas pode dificultar a análise e a utilização dos dados. Ao utilizar este método, é importante garantir que a informação de identificação é substituída pelos mesmos valores aleatórios em todas as localizações de dados. Por exemplo, se a implementação de um sistema de megadados incluir uma base de dados com várias tabelas, ao anonimizar, a substituição deve ser feita da mesma forma em todas as tabelas, caso contrário, o princípio da consistência dos dados será violado e a sua análise e utilização posteriores serão de benefício questionável para as empresas.

Outro método de tornar os dados anónimos é a generalização. Neste método, as informações de identificação são substituídas por valores mais generalizados. Por exemplo, a idade pode ser substituída por categorias como "jovem", "meia-idade" e "idoso". Este método mantém a informação geral sobre os dados, mas reduz a capacidade de identificar indivíduos específicos.

Existe também um método de anonimização de dados baseado na cifragem. Neste método, as informações de identificação são encriptadas utilizando algoritmos especiais e só os utilizadores autorizados têm acesso aos dados desencriptados. Este método proporciona um elevado nível de segurança, mas dificulta a utilização dos dados para análise e investigação.

A pseudonimização dos dados é outro método para garantir a segurança dos grandes volumes de dados. Ao contrário da anonimização, a pseudonimização mantém a capacidade de identificar indivíduos, mas impede a ligação direta a identificadores reais. Na pseudonimização, as informações de identificação são substituídas por identificadores únicos que não podem ser diretamente ligados a dados reais. Isto permite que os dados sejam utilizados para análise e investigação, garantindo simultaneamente a privacidade e a confidencialidade das informações pessoais.

Um dos métodos de pseudonimização de dados é o hashing. Neste método, as informações de identificação são convertidas num código hash único, utilizando algoritmos especiais. O código hash não pode ser convertido novamente nos dados originais, o que garante a segurança das informações de identificação. No entanto, ao utilizar o hashing é necessário ter em conta a possibilidade de colisões, quando dois dados diferentes podem corresponder ao mesmo código hash. Um aspeto importante da utilização do hashing é a escolha de um algoritmo de soma de hash que seja resistente à adulteração no momento da utilização. Por exemplo, o algoritmo de hashing MD5, que era muito utilizado anteriormente, não é atualmente considerado seguro devido à presença de métodos de ataque muito utilizados: força bruta de dicionário, força bruta, rainbowcrack, colisão de hash. Outro método para reduzir a probabilidade de um ataque de hashing bem sucedido é a utilização de um "salt". Um "salt" é uma sequência de caracteres que é adicionada ao texto simples e depois submetida a um processo de hash. O "sal" torna a informação com hash mais resistente a ataques à tabela arco-íris, uma vez que esta variante de hash terá uma entropia de informação mais elevada e, por conseguinte, menor probabilidade de existir em tabelas arco-íris pré-computadas.

Outro método de pseudonimização de dados é a tokenização. Neste método, a informação de identificação é substituída por fichas únicas que não podem ser diretamente ligadas aos dados reais. Os tokens podem ser gerados utilizando valores aleatórios ou algoritmos especiais e apenas os utilizadores autorizados têm a capacidade de converter os tokens nos dados reais correspondentes.

A utilização de técnicas de anonimização e pseudonimização de dados no sector bancário ajuda a garantir a confidencialidade e a proteção das informações pessoais dos clientes ao gerar grandes conjuntos de dados. A anonimização dos dados permite que os bancos utilizem os dados para análise e investigação, impedindo a possibilidade de identificar clientes específicos. A pseudonimização de dados mantém a capacidade de identificar clientes, mas impede a ligação direta a dados reais, garantindo a segurança das informações de identificação.

No entanto, deve ter-se em conta que nenhum método de anonimização ou pseudonimização de dados é completamente seguro. Existem métodos e técnicas que podem ser utilizados para retirar o anonimato ou a pseudonimização dos dados, especialmente utilizando informações adicionais ou métodos estatísticos. Por conseguinte, é importante adotar uma abordagem global da segurança dos dados, incluindo a utilização de vários métodos de anonimização e pseudonimização, cifragem, controlo do acesso e outras medidas de segurança.

3 ANÁLISE DAS NORMAS DE SEGURANÇA EXISTENTES NO SECTOR BANCÁRIO DA REPÚBLICA DO CAZAQUISTÃO

3.1 Panorama das actuais normas de segurança no sector bancário

Os bancos são actores-chave no sistema financeiro e armazenam grandes quantidades de informação confidencial sobre os seus clientes, o que os torna particularmente atractivos para os hackers e atacantes. Consciente deste facto, o governo regula o sector bancário e obriga os bancos a envidar esforços e a incorrer em custos financeiros para garantir a segurança dos dados, estabelecendo requisitos em leis e regulamentos, bem como realizando vários tipos de supervisão sobre a aplicação dos requisitos estabelecidos [18].

Um dos principais documentos que estabelece os requisitos de segurança para os bancos da República do Cazaquistão é o "Requirements for ensuring information security of banks, branches of non-resident banks of the Republic of Kazakhstan and organisations engaged in certain types of banking operations" [19]. [19]. Estes requisitos foram aprovados pela Resolução n.º 48 do Banco Nacional da República do Cazaquistão, de 27.03.2018, em conformidade com a Lei da República do Cazaquistão "Sobre bancos e actividades bancárias na República do Cazaquistão", e estabelecem requisitos para garantir a segurança da informação dos bancos e das suas infra-estruturas. Os requisitos incluem uma série de medidas específicas, como a proteção contra o acesso não autorizado, a proteção contra vírus e malware, a encriptação de dados, etc. Entre os 161 (cento e sessenta e um) itens dos requisitos, podem destacar-se os seguintes que afectam diretamente a utilização de grandes volumes de dados nos bancos:

- responsabilidade do primeiro diretor do banco pela organização e funcionamento do sistema de gestão da segurança da informação, bem como a lista de unidades funcionais e outros participantes que asseguram a aplicação dos requisitos de segurança da informação no banco;
- a lista de informações confidenciais, bem como o procedimento de tratamento das informações protegidas, devem ser aprovados pelo órgão de direção do banco;
- A divisão de segurança da informação do banco (a seguir designada "divisão SI") assegurará a deteção e análise de ameaças, o combate a ataques e a investigação de incidentes de segurança da informação;
- A unidade SI define os requisitos de segurança da informação para a utilização de contas privilegiadas (por exemplo, registos administrativos com ampla autoridade para aceder e gerir dados e o ambiente de processamento de dados);

- a divisão SI realiza actividades de sensibilização dos empregados do banco para as questões de segurança da informação;

- A divisão de tecnologias de informação do banco (a seguir designada por divisão de TI) assegura o acesso dos empregados às informações contidas nos sistemas de informação (aspeto - confidencialidade), bem como configura o software dos sistemas e das aplicações, tendo em conta os requisitos de segurança da informação (aspeto - integridade e confidencialidade) e assegura o funcionamento contínuo dos sistemas de informação (aspeto - disponibilidade);

- a divisão de segurança do banco implementa medidas de segurança física e técnica dos equipamentos que processam a informação, bem como executa medidas preventivas destinadas a minimizar os riscos de ameaças à segurança da informação durante a contratação e despedimento de colaboradores do banco (ameaças internas);

- o departamento de recursos humanos deve garantir que os funcionários do banco, bem como as pessoas contratadas para trabalhar ao abrigo do contrato de prestação de serviços, os estagiários, os internos e os formandos assinem obrigações de não divulgação de informações confidenciais;

- os bancos devem nomear proprietários para os sistemas de informação que contenham dados confidenciais, responsáveis pelo cumprimento dos requisitos de segurança da informação aquando da criação, implementação, alteração, operação de sistemas de informação e fornecimento de produtos e serviços a clientes e divisões do banco, bem como aquando da integração de sistemas de informação com sistemas de informação externos;

O Banco classifica os activos de informação que processam dados confidenciais, dividindo-os em críticos e não críticos, com base no nível de perdas decorrentes da violação da sua confidencialidade, integridade e disponibilidade;

- o Banco assegurará a aplicação de meios de proteção antivírus nos elementos da infraestrutura que tratam dados confidenciais;

- o banco deve manter registos sob a forma de uma lista de todos os programas informáticos, bem como de todos os meios criptográficos de proteção da informação, que são autorizados antes do tratamento de informações confidenciais;

- o banco deve assegurar uma pista de auditoria das operações de acesso a dados confidenciais;

- o banco implementa a complexidade necessária das palavras-passe utilizadas no acesso a dados confidenciais;

- O banco deve garantir a aplicação de medidas organizacionais e de software e hardware que limitem a possibilidade de cópia não autorizada de dados para suportes de dados amovíveis;

- O banco forma um perímetro de rede que limita a possibilidade de ligações de rede não autorizadas a conjuntos de dados confidenciais;

- O banco proporciona a implementação de ambientes industriais e de teste isolados uns dos outros, bem como um ambiente de desenvolvimento quando se trabalha com grandes volumes de dados;

- quando as informações confidenciais são utilizadas em ambientes de teste e de desenvolvimento, são aplicadas a esses ambientes as medidas de proteção necessárias;

- o banco deve assegurar a instalação atempada de actualizações de segurança nos sistemas de informação;

- o banco deve analisar os sistemas de informação que processam informações confidenciais para detetar vulnerabilidades e garantir a eliminação das vulnerabilidades identificadas.

Para além dos "48 Requisitos", para os bancos, os requisitos de segurança da informação com diferentes níveis de pormenor são especificados nos vinte e seis (26) estatutos enumerados no Quadro 1 do presente documento.

Outra norma importante é a Norma de Segurança de Dados da Indústria de Cartões de Pagamento (PCI DSS). Esta norma foi desenvolvida pela comunidade internacional de sistemas de pagamento e estabelece requisitos para a segurança dos dados relacionados com os cartões de pagamento. De acordo com esta norma, os bancos devem assegurar a proteção dos dados dos titulares de cartões de pagamento, bem como garantir a segurança dos processos de processamento e transmissão desses dados. Uma caraterística distintiva dos requisitos desta norma é a proibição explícita de armazenar os dados mais sensíveis (números completos dos cartões, códigos CVV, códigos PIN dos cartões de pagamento) em formato aberto (não encriptado).

Além disso, os bancos têm de cumprir os requisitos da legislação da República do Cazaquistão no domínio da proteção dos dados pessoais. Em conformidade com a lei "relativa aos dados pessoais e à sua proteção", os bancos são obrigados a garantir a confidencialidade e a proteção dos dados pessoais dos seus clientes. Para o efeito, devem aplicar métodos modernos de cifragem de dados, controlar o acesso aos dados pessoais e garantir a sua segurança e integridade. Um dos requisitos legais que restringe a utilização de grandes volumes de dados pelos bancos é a obrigação de localizar os dados pessoais no território da República do Cazaquistão (n.º 2 do artigo 12.º da Lei da República do Cazaquistão "relativa aos dados pessoais e à sua proteção").

Outra norma importante é a ISO/IEC 27001, que define os requisitos para um sistema de gestão da segurança da informação. Estabelece requisitos para o processo de gestão de riscos, a política de segurança, a gestão de activos e muitos outros aspectos da segurança da informação. A ISO/IEC 27001 é uma norma internacional e pode ser utilizada no sector bancário para garantir a segurança dos dados [21], mas é importante compreender que a utilização desta norma não é obrigatória para os bancos no Cazaquistão.

Existem também diretrizes desenvolvidas por várias organizações e associações que se ocupam da segurança dos dados no sector bancário. Uma dessas organizações é o National Institute of Standards and Technology (NIST), que desenvolveu uma série de recomendações e diretrizes sobre segurança de dados. Por exemplo, o NIST SP 800-53 define um conjunto de controlos de segurança que devem ser implementados para garantir a segurança da informação nos sistemas de informação [22].

É igualmente de referir as recomendações e normas desenvolvidas por associações bancárias internacionais, como a SWIFT e a Organização Internacional das Comissões de Valores Mobiliários (IOSCO). A SWIFT aprovou o Swift Customer Security control Framework [23], que define os requisitos para a segurança dos dados nos sistemas de pagamento interbancários, incluindo a autenticação, a cifragem e o controlo do acesso. A IOSCO desenvolve normas e recomendações para garantir a segurança dos dados no domínio dos valores mobiliários e dos mercados financeiros.

A análise das normas e recomendações existentes permite-nos identificar vários princípios e abordagens de base que podem ser aplicados no desenvolvimento de normas e recomendações práticas sobre a segurança dos dados no sector bancário da República do Cazaquistão.

Em primeiro lugar, é importante ter em conta os princípios da proteção de dados em todas as fases do ciclo de vida dos dados - desde a recolha e armazenamento até à transmissão e eliminação. Isto inclui actualizações de segurança regulares, monitorização e análise da atividade, encriptação dos dados durante o armazenamento e a transmissão e gestão adequada do acesso aos dados.

Em segundo lugar, é necessário assegurar a proteção dos dados a nível físico e lógico. A proteção física inclui a utilização de instalações seguras para o armazenamento de servidores e equipamento, o controlo do acesso a salas de tratamento de informações confidenciais, a utilização de videovigilância, a segurança física e outras medidas de segurança. A proteção lógica inclui a cifragem dos dados, a autenticação dos utilizadores, o controlo do acesso e a proteção a vários níveis dos sistemas de informação, a blindagem da rede dos sistemas, a proteção dos sistemas de ataque, a monitorização dos registos de eventos, o controlo das acções dos utilizadores privilegiados e a salvaguarda atempada dos dados.

Em terceiro lugar, é importante ter em conta as especificidades do sector bancário e os requisitos das entidades reguladoras. O sector bancário é altamente regulamentado e exige o cumprimento de determinadas normas de segurança dos dados [24]. As entidades reguladoras podem estabelecer requisitos para a cifragem dos dados, o controlo do acesso, a cópia de segurança e outros aspectos de segurança.

Em quarto lugar, é importante considerar as ameaças e os riscos associados à utilização de grandes volumes de dados. Os grandes volumes de dados representam uma enorme quantidade de informação que pode ser utilizada pelos atacantes para obter dados sensíveis. Por conseguinte, é necessário aplicar medidas de proteção como a monitorização da atividade da rede, a deteção de anomalias e a prevenção da fuga de dados. Os requisitos para a gestão dos riscos de segurança da informação na República do Cazaquistão são aprovados pela Resolução do Conselho de Administração da Agência da República do Cazaquistão para a Regulação e Desenvolvimento do Mercado Financeiro n.º 111, de 23 de novembro de 2020. "Sobre a aprovação da metodologia de avaliação dos riscos de segurança da informação, incluindo o procedimento de classificação das instituições financeiras pelo grau de exposição aos riscos de segurança da informação", bem como na Resolução do Conselho de Administração da Agência da República do Cazaquistão para a Regulação e Desenvolvimento do Mercado Financeiro n.º 188 de 12.11.2019. "On Approval of the Rules for Formation of Risk Management and Internal Control System for Second-tier Banks".

Em quinto lugar, é importante ter em conta as normas e diretrizes internacionais, dado que muitos bancos têm operações internacionais e lidam com clientes de diferentes países. Ao desenvolver normas e diretrizes práticas, devem ser tidos em conta os requisitos do PCI DSS, ISO/IEC 27001, NIST SP 800-53, GDPR (Regulamento Geral sobre a Proteção de Dados) e outras normas internacionais.

3.2 Avaliação da eficácia das normas existentes no sector bancário da República do Cazaquistão

A República do Cazaquistão está a desenvolver ativamente o seu sector bancário e esforça-se por garantir um elevado nível de segurança dos dados. Atualmente, existem normas e documentos de orientação suficientes, bem como regulamentos de segurança que regulam as actividades dos bancos e garantem a proteção da informação. O documento principal é o documento "Requisitos para garantir a segurança da informação dos bancos, sucursais de bancos não residentes da República do Cazaquistão e organizações envolvidas em determinados tipos de operações bancárias", mencionado na secção anterior, aprovado pela Resolução do Conselho de Administração da ARRFR n.º 48 de 27.03.2018 (a seguir designado "Requisitos IS para a BVU"). Este documento estabelece requisitos de proteção da informação, bem como define procedimentos e medidas de segurança a adotar pelos bancos.

Para avaliar a eficácia das normas de segurança existentes no sector bancário da República do Cazaquistão, é necessário considerar vários aspectos. Em primeiro lugar, deve ser analisada a sua conformidade com as normas e recomendações internacionais no domínio da segurança da informação, porque o sector bancário faz parte da economia global e a sua segurança deve ser relevante para as ameaças e requisitos de segurança internacionais.

Em segundo lugar, é necessário avaliar a eficácia da aplicação dos documentos regulamentares na prática do sector bancário da República do Cazaquistão. Para o efeito, é possível analisar casos de violações da segurança dos dados e avaliar até que ponto as normas e outros documentos foram aplicados com êxito para evitar tais incidentes. Essa análise permitirá identificar áreas problemáticas e apresentar recomendações para a sua melhoria.

O terceiro aspeto que deve ser considerado ao avaliar a eficácia das normas de segurança existentes é o grau de sensibilização e formação do pessoal bancário. A segurança dos dados não depende apenas de medidas técnicas de segurança, mas sobretudo dos conhecimentos e competências dos empregados. Por conseguinte, é importante avaliar a eficácia da educação e formação do pessoal no domínio da segurança da informação.

Além disso, vale a pena considerar o grau de satisfação dos clientes no sector bancário da República do Cazaquistão. Se os clientes sentirem que os seus dados estão protegidos de forma fiável e que a segurança da informação é uma prioridade para os bancos, isso indica que a aplicação das normas de segurança existentes é altamente eficaz.

Em geral, a eficácia das normas de segurança existentes no sector bancário da República do Cazaquistão pode ser avaliada segundo vários critérios: conformidade com os requisitos internacionais, sucesso na prevenção de incidentes de segurança, formação do pessoal e satisfação dos clientes. Esta análise ajudará a identificar as áreas problemáticas e a elaborar recomendações para melhorar as normas de segurança no sector bancário da República do Cazaquistão.

Se considerarmos o primeiro aspeto relativo à comparação da experiência internacional e dos requisitos legislativos em matéria de segurança da informação do Cazaquistão, ao analisar a conformidade das normas dos Requisitos SI para TLD [25] e a metodologia internacionalmente reconhecida (Center of Internet Security) CIS Critical Security Controls v8, verifica-se que a cobertura do ato regulamentar do Cazaquistão fornece 94 (noventa e quatro) % dos Controlos Críticos de Segurança CIS [26] (para o nível 1). Ao mesmo tempo, as restantes posições não cobertas (6 (seis) %) estão plenamente reflectidas noutro ato regulamentar da República do Cazaquistão, que tem um âmbito de aplicação mais restrito (Resolução do Conselho de Administração da ARFMR n.º 90 de 21 de setembro de 2020. "Sobre a aprovação de requisitos para serviços de resposta a incidentes de segurança da informação, investigações internas de incidentes de segurança da informação"). A cobertura dos requisitos de segurança da informação nos documentos é analisada em mais pormenor no Quadro 1.

Assim, a atual regulamentação do sector bancário em matéria de segurança da informação está em plena consonância com a experiência regulamentar internacional na sua versão de base.

Quadro 1 - Requisitos dos controlos de segurança críticos do SIA (nível 1)

Nome	Cobertura dos requisitos IS para os bancos de nível 2 (48.º Requisitos IS)
1. inventário e controlo dos activos da empresa Gerir ativamente (inventariar, rastrear e corrigir) todos os activos da empresa (dispositivos do utilizador final, incluindo portáteis e móveis; dispositivos de rede; dispositivos não informáticos/Internet das Coisas (IoT); servidores) ligados à infraestrutura física, virtual, remotamente e na nuvem para conhecer exatamente todos os activos que têm de ser controlados e protegidos na empresa. Isto também ajudará a identificar activos não autorizados e não geridos para remoção ou correção.	
1.1 Criar e manter um inventário detalhado dos activos de equipamento (dispositivo). Criar e manter um inventário exato, detalhado e atualizado de todos os activos da empresa capazes de armazenar ou processar dados, incluindo: dispositivos do utilizador final (incluindo portáteis e móveis), dispositivos de rede e dispositivos e servidores não informáticos/IoT. Certifique-se de que o inventário regista o endereço de rede (se for estático), o endereço de hardware, o nome da máquina, o proprietário do ativo de dados, o departamento de cada ativo e se o ativo foi aprovado para ligação à rede. Para os dispositivos móveis dos utilizadores finais, este processo pode ser apoiado por ferramentas como a MDM, se necessário. Este inventário inclui activos ligados à infraestrutura física, virtual, remotamente e activos na nuvem. Inclui também activos que estão regularmente ligados à infraestrutura de rede da empresa, mesmo que não estejam sob o controlo da empresa. Rever e atualizar o inventário de todos os activos da empresa duas vezes por ano ou com maior frequência.	25,66
1.2 Remediação de activos não autorizados Assegure-se de que existe um processo para remediar os activos não autorizados semanalmente. A empresa pode optar por remover o ativo da rede, negar-lhe conetividade remota à rede ou colocar o ativo em quarentena.	83,84

2 Inventariar e controlar os activos de software Gerir ativamente (inventariar, monitorizar e corrigir) todo o software (sistemas operativos e aplicações) na rede, de modo a que apenas o software autorizado seja instalado e executado e que o software não autorizado e não gerido seja detectado e impedido de ser instalado ou executado.	
2.1 Criar e manter um inventário de software Criar e manter um inventário detalhado de todo o software licenciado instalado nos activos da empresa. O inventário de software deve incluir o nome, o fabricante, a data da instalação/utilização inicial e o objetivo comercial de cada entrada; se aplicável, incluir o Uniform Resource Locator (URL), a(s) loja(s) de aplicações, a(s) versão(ões), o mecanismo de implementação e a data de desativação. Rever e atualizar o registo de software duas vezes por ano ou com maior frequência.	43,52,79,102
2.2 Assegurar que o software autorizado é atualmente suportado Assegurar que o inventário de software para os activos da empresa lista apenas o software atualmente suportado como autorizado. Se o software não for suportado, mas for necessário para cumprir a missão da empresa, documente a exceção, detalhando os controlos atenuantes e a aceitação do risco compensatório. Designar qualquer software não suportado que não tenha documentação de exceção como não autorizado. Rever a lista de software para verificar o seu suporte, pelo menos mensalmente ou com maior frequência.	43,52,79,102
2.3 Correção de software não autorizado Assegurar que o software não autorizado é retirado da utilização nos bens da empresa ou recebe uma isenção documentada. Verificar mensalmente ou com maior frequência.	43,52,79,102
3. Proteção de dados Desenvolver processos e controlos técnicos para identificar, classificar, processar, armazenar e eliminar dados de forma segura.	
3.1 Estabelecer e manter um processo de governação de dados Estabelecer e manter um processo de governação de dados. Este processo deve abordar a sensibilidade dos dados, o proprietário dos dados, o tratamento dos dados, os limites de retenção dos dados e os requisitos de eliminação dos dados com base nas normas de sensibilidade e retenção de dados da empresa. Rever e atualizar a documentação anualmente, ou quando ocorrerem alterações significativas na empresa que possam afetar esta segurança.	98,103
3.2 Criar e manter um inventário de dados Criar e manter um inventário de dados com base no processo de gestão de dados da empresa. Inventariar, no mínimo, os dados	98,103

sensíveis. Rever e atualizar o inventário anualmente, no mínimo, dando prioridade aos dados sensíveis.	
3.3 Configurar as listas de controlo de acesso aos dados Configurar as listas de controlo de acesso aos dados com base nas necessidades de conhecimento dos utilizadores. Aplicar listas de controlo de acesso aos dados, também conhecidas como permissões de acesso, a sistemas de ficheiros locais e remotos, bases de dados e aplicações.	37,65
3.4 Garantir a conservação dos dados Conservar os dados de acordo com o processo de gestão de dados da empresa. A retenção de dados deve incluir períodos de retenção mínimos e máximos.	98,111,114
3.5 Eliminar os dados de forma segura Eliminar os dados de forma segura, de acordo com o processo de gestão de dados da empresa. Assegurar que o processo e o método de eliminação são proporcionais à sensibilidade dos dados.	43,79,143
3.6 Encriptar dados em dispositivos do utilizador final Encriptar dados em dispositivos do utilizador final que contenham dados sensíveis. Exemplos de implementações podem incluir: Windows BitLocker®, Apple FileVault®, Linux® dm-crypt.	43,79,143
4. Configuração segura dos activos e do software da empresa Criar e manter uma configuração segura dos activos da empresa (dispositivos do utilizador final, incluindo portáteis e móveis; dispositivos de rede; dispositivos não informáticos/IoT ; e servidores) e do software (sistemas operativos e aplicações).	
4.1 Estabelecer e manter um processo de configuração seguro Estabelecer e manter um processo de configuração seguro para os activos da empresa (dispositivos do utilizador final, incluindo portáteis e móveis; dispositivos não informáticos/IoT; e servidores) e software (sistemas operativos e aplicações). Rever e atualizar a documentação anualmente ou quando ocorrerem alterações significativas na empresa que possam afetar esta segurança.	137,44,96,43,79 ,90
4.2 Estabelecer e manter um processo de configuração seguro para a infraestrutura de rede Estabelecer e manter um processo de configuração seguro para os dispositivos de rede. Rever e atualizar a documentação anualmente, ou quando ocorrerem alterações significativas na empresa que possam afetar esta segurança.	96,43,79,85,90

4.3 Configuração do bloqueio automático de sessão nos activos da empresa Configure o bloqueio automático de sessão nos activos da empresa após um período de inatividade especificado. Para sistemas operativos de uso geral, este período não deve exceder 15 minutos. Para dispositivos móveis do utilizador final, este período não deve exceder 2 minutos.	43,79
4.4 Implementar e gerir uma firewall nos servidores Implementar e gerir uma firewall nos servidores, se suportada. Exemplos de implementações incluem uma firewall virtual, uma firewall do sistema operativo ou um agente de firewall de terceiros.	43,79,83,84
4.5 Implementar e gerir uma firewall nos dispositivos do utilizador final Implementar e gerir uma firewall baseada no anfitrião ou um recurso de filtragem de portas nos dispositivos do utilizador final, com uma regra de negação predefinida que rejeita todo o tráfego, exceto os serviços e portas explicitamente permitidos.	43,79,83,84
4.6 Gestão segura dos activos e do software da empresa Gerir de forma segura os activos e o software da empresa. Exemplos de implementações incluem a gestão da configuração utilizando a infraestrutura como código controlado por versão e o acesso a interfaces administrativas através de protocolos de rede seguros, como o Secure Shell (SSH) e o Hypertext Transfer Protocol Secure (HTTPS). Não utilizar protocolos de gestão inseguros, como Telnet (rede de teletipo) e HTTP, exceto se necessário para as operações.	137,44
4.7 Gerir contas predefinidas em activos e software da empresa Gerir contas predefinidas em activos e software da empresa, tais como raiz, administrador e outras contas de fornecedor pré-configuradas. Exemplos de implementações podem incluir: desativar contas predefinidas ou torná-las inutilizáveis.	41,65,101,137,43,79
5. Gestão de contas Utilizar processos e ferramentas para atribuir e gerir a autorização de credenciais para contas de utilizadores, incluindo contas de administrador, bem como contas de serviços, activos empresariais e software.	
5.1 Criar e manter um inventário de contas Utilizar palavras-passe únicas para todos os activos da empresa. As melhores práticas de implementação incluem, no mínimo, uma palavra-passe de 8 caracteres para contas que utilizam MFA e uma palavra-passe de 14 caracteres para contas que não utilizam MFA.	67,68,101,137,99,43,79
5.2 Utilizar palavras-passe únicas Utilizar palavras-passe únicas para todos os activos da empresa. As melhores práticas incluem, pelo menos, uma palavra-passe de 8 caracteres para contas que utilizam MFA e uma palavra-passe de 14 caracteres para contas que não utilizam MFA.	39,40,48,71,72

5.3 Desativação de contas inactivas Eliminar ou desativar contas inactivas após 45 dias de inatividade, se suportado.	67,68,101
5.4 Limitar os privilégios de administrador a contas de administrador dedicadas Limitar os privilégios de administrador a contas de administrador dedicadas em activos da empresa. Realize actividades informáticas comuns, como navegar na Internet, correio eletrónico e utilizar a suite de produtividade, a partir de uma conta de utilizador principal sem privilégios.	67,68,65,101,99,43,79
6. Gestão do controlo de acesso Utilizar processos e ferramentas para criar, atribuir, gerir e revogar credenciais e privilégios de acesso para contas de utilizador, administrador e serviço para bens e software da empresa.	
6.1 Estabelecer um processo de concessão de acesso Estabelecer e seguir um processo, de preferência automatizado, para conceder acesso aos activos da empresa quando um utilizador é contratado recentemente, recebe direitos ou muda de função.	67,68,65,101,99,43,79
6.2 Estabelecer um processo para revogar o acesso Estabelecer e seguir um processo, de preferência automatizado, para revogar o acesso aos activos da empresa, desactivando as contas imediatamente após a cessação do contrato de trabalho, a revogação de direitos ou a alteração da função do utilizador. Pode ser necessário desativar as contas em vez de as eliminar para preservar os registos de auditoria.	67,68,65,101,99,43,79
6.3 Requisito de MFA para aplicações acessíveis externamente Exigir que todas as aplicações da empresa ou de terceiros acessíveis externamente forneçam MFA, se suportado. O fornecimento de MFA através de um serviço de diretório ou de um fornecedor de SSO é uma implementação satisfatória desta garantia.	39,40,48,71,72,86,74,87
6.4 Exigir MFA para acesso remoto à rede Exigir MFA para acesso remoto à rede.	39,40,48,71,72,86
6.5 Exigir MFA para acesso administrativo Exigir MFA para todas as contas de acesso administrativo, quando suportado, em todos os activos da empresa, quer sejam geridos de forma independente ou através de um fornecedor terceiro.	39,40,48,71,72
7. Gestão contínua de vulnerabilidades Desenvolva um plano para avaliar e acompanhar continuamente as vulnerabilidades em todos os activos da empresa na sua infraestrutura para eliminar e minimizar as oportunidades para os atacantes. Acompanhe as informações sobre novas ameaças e vulnerabilidades de fontes públicas e privadas.	

7.1 Estabelecer e manter um processo de gestão de vulnerabilidades Estabelecer e manter um processo documentado de gestão de vulnerabilidades para os activos da empresa. Rever e atualizar a documentação anualmente ou quando ocorrerem alterações significativas na empresa que possam afetar esta segurança.	102,120,122,124,125,99,43,79,85,49,115,119
7.2 Estabelecer e manter um processo de correção Estabelecer e manter uma estratégia de correção baseada no risco, documentada no processo de correção, com revisões mensais ou mais frequentes.	102,120,122,124,125,99,43,79,85,49,115,119
7.3 Efetuar a gestão automatizada de patches do sistema operativo Efetuar actualizações do sistema operativo nos activos da empresa utilizando a gestão automatizada de patches numa base mensal ou mais frequente.	102,120,122,124,125,99,43,79,49,115,119
7.4 Efetuar a gestão automatizada de patches de aplicações Efetuar actualizações de aplicações nos activos da empresa utilizando a gestão automatizada de patches numa base mensal ou mais frequente.	102,120,122,124,125,99,43,79,49,115,119
8. Gestão de registos de auditoria Recolher, alertar, visualizar e armazenar registos de auditoria de eventos que podem ajudar a detetar, compreender ou recuperar de um ataque.	
8.1 Estabelecer e manter um processo de gestão de registos de auditoria Estabelecer e manter um processo de gestão de registos de auditoria que defina os requisitos de registo da empresa. No mínimo, este processo abrange a recolha, análise e armazenamento de registos de auditoria para os bens da empresa. Reveja e actualize a documentação anualmente ou quando ocorrerem alterações significativas na empresa que possam afetar esta segurança.	59,65,101,44,111,114,14,83,84
8.2 Recolher os registos de auditoria Recolher os registos de auditoria. Assegure-se de que o registo de acordo com o processo de gestão de registos de auditoria da empresa foi ativado para todos os bens da empresa.	59,65,101,44,111,114,14,83,84,43,79
8.3 Assegurar o armazenamento adequado dos registos de auditoria Assegurar que os locais de registo mantêm um armazenamento suficiente para cumprir o processo de gestão dos registos de auditoria da empresa.	59,65,101,44,111,114,14
8. Proteger o correio eletrónico e os navegadores Web Melhorar a proteção e a deteção de ameaças provenientes do correio eletrónico e dos programas de navegação na Web, uma vez que estes dão aos atacantes a oportunidade de manipular o comportamento das pessoas através da interação direta com elas.	

9.1 Assegurar que apenas são utilizados navegadores e clientes de correio eletrónico totalmente suportados Assegurar que apenas são permitidos na empresa navegadores e clientes de correio eletrónico totalmente suportados, utilizando apenas as versões mais recentes dos navegadores e clientes de correio eletrónico fornecidos pelo fornecedor.	102,120,122,124,125,43,79,49,115,119
9.2 Utilizar serviços de filtragem de DNS Utilize serviços de filtragem de DNS em todos os recursos da empresa para bloquear o acesso a domínios maliciosos conhecidos.	74,87,49,115,119
10. Proteção contra malware Impedir ou controlar a instalação, distribuição e execução de aplicações, códigos ou scripts maliciosos nos bens da empresa.	
10.1 Implementar e manter o software antivírus Implementar e manter o software antivírus em todos os activos da empresa.	43,79,49,115,119
10.2 Configurar actualizações automáticas de assinaturas de antivírus Configurar actualizações automáticas de ficheiros de assinatura de antivírus em todos os activos da empresa.	43,79,49,115,119
10.3 Desativar a execução automática e a reprodução automática para suportes amovíveis Desactive as funções de início automático e de reprodução automática para suportes amovíveis.	43,79,49,115,119,75
11. Recuperação de dados Desenvolver e manter métodos de recuperação de dados suficientes para devolver os activos da empresa ao estado anterior ao incidente e a um estado em que se possa confiar.	
11.1 Estabelecer e manter um processo de recuperação de dados Estabelecer e manter um processo de recuperação de dados. Este processo deve abordar o âmbito do trabalho de recuperação de dados, as prioridades de recuperação e a segurança dos dados de cópia de segurança. Rever e atualizar a documentação anualmente ou quando ocorrerem alterações significativas na empresa que possam afetar esta segurança.	48,83,84
11.2 Realização de cópias de segurança automáticas Realizar cópias de segurança automáticas dos activos da empresa. Efetuar cópias de segurança semanalmente ou com maior frequência, consoante a sensibilidade dos dados.	48,83,84,43,79,75
11.3 Proteção dos dados de recuperação Proteger os dados de recuperação com controlos equivalentes aos dos dados originais. Encriptar ou separar os dados conforme necessário.	48,83,84
11.4 Criar e manter uma instância isolada de dados de recuperação Criar e manter uma instância isolada de dados de recuperação. Exemplos de implementações incluem o controlo de versões de cópias de	48,83,84

segurança através de sistemas ou serviços offline, na nuvem ou fora do local.	
12. Infraestrutura de rede Criar, implementar e gerir ativamente (monitorizar, comunicar, corrigir) dispositivos de rede para impedir que os atacantes explorem serviços de rede e pontos de acesso vulneráveis.	
12.1 Assegurar que a infraestrutura de rede é mantida actualizada Assegurar que a infraestrutura de rede é mantida actualizada. Exemplos de implementação incluem a utilização da última versão de software estável e/ou a utilização de ofertas de rede como serviço (NaaS) atualmente suportadas. Verificar as versões de software mensalmente ou com maior frequência para garantir que o software é suportado.	102,120,122,43, 79,85
14. Sensibilização para a segurança e formação em matéria de competências Estabelecer e manter um programa de sensibilização para a segurança, a fim de influenciar o comportamento dos trabalhadores de modo a que estes estejam sensibilizados para a segurança e possuam as competências necessárias para atenuar os riscos de cibersegurança da empresa.	
14.1 Estabelecer e manter um programa de sensibilização para a segurança Estabelecer e manter um programa de sensibilização para a segurança. O objetivo de um programa de sensibilização para a segurança é ensinar aos empregados da empresa como interagir de forma segura com os bens e dados da empresa. Fornecer formação aquando da contratação e, pelo menos, anualmente. Rever e atualizar o conteúdo anualmente, ou quando ocorrerem alterações significativas na empresa que possam afetar este programa de segurança.	143,107,108,49, 115,119
14.2 Formar os empregados para reconhecerem ataques de engenharia social Formar os empregados para reconhecerem ataques de engenharia social, tais como phishing, pré-mensagens e pesquisas de rastreio	107,108,49,115, 119
14.3 Formar os funcionários sobre as melhores práticas de autenticação. Formar os funcionários sobre as melhores práticas de autenticação. Exemplos de tópicos incluem MFA, composição de palavras-passe e gestão de credenciais.	107,108
14.4 Formar os empregados em boas práticas de tratamento de dados. Formar os empregados sobre como identificar e armazenar, transferir, arquivar e destruir corretamente dados sensíveis. Isto inclui também a formação dos empregados sobre as melhores práticas para limpar os ecrãs e os computadores de secretária, tais como bloquear os ecrãs quando se afastam do seu recurso	143,98,49,115,1 19

empresarial, apagar os quadros brancos físicos e virtuais no final das reuniões e armazenar dados e bens de forma segura	
14.5 Educar os empregados sobre as causas de acidentes não intencionais Formar os empregados para estarem conscientes das causas da divulgação não intencional de dados. Os exemplos incluem a entrega incorrecta de dados sensíveis, a perda de um dispositivo portátil do utilizador final ou a divulgação de dados a um público indesejável.	107,108
14.6 Formação em reconhecimento e comunicação de incidentes Formar o pessoal para reconhecer e ser capaz de comunicar um potencial incidente.	107,108,49,115, 119
14.7 Formar os empregados sobre a forma de identificar e comunicar se os seus activos empresariais não estão a receber actualizações de segurança. Formar os empregados sobre a forma de verificar e comunicar patches de software desactualizados ou quaisquer falhas nos processos e ferramentas automatizados. Parte desta formação deve incluir a notificação ao pessoal de TI de quaisquer falhas nos processos e ferramentas automatizados.	107,108,49,115, 119
14.8 Formar os empregados sobre os perigos da ligação e transmissão de dados da empresa através de redes inseguras Formar os empregados sobre os perigos da ligação e transmissão de dados através de redes inseguras dentro da empresa. Se a empresa tiver empregados remotos, a formação deve incluir orientações sobre como garantir que a infraestrutura da rede doméstica está configurada de forma segura para todos os utilizadores.	107,108
15. Gestão de prestadores de serviços Desenvolver um processo para avaliar os prestadores de serviços que armazenam dados sensíveis ou são responsáveis por plataformas ou processos críticos de TI da empresa, a fim de garantir que esses prestadores protegem adequadamente essas plataformas e dados.	
15.1 Estabelecer e manter uma lista de prestadores de serviços Estabelecer e manter uma lista de prestadores de serviços. A lista deve enumerar todos os prestadores de serviços conhecidos, especificar a classificação e designar um contacto da empresa para cada prestador de serviços. Reveja e actualize a lista anualmente ou quando ocorrerem alterações significativas na empresa que possam afetar a segurança.	59,103
17. Gestão da resposta a incidentes Estabelecer um programa para desenvolver e manter capacidades de resposta a incidentes (por exemplo, políticas, planos, procedimentos, funções definidas, formação e comunicações) para preparar, detetar e responder rapidamente a ataques.	

17.1 Designar pessoal para gerir o tratamento de incidentes Designar uma pessoa-chave e pelo menos uma pessoa de reserva para gerir o tratamento de incidentes na empresa. O pessoal de gestão é responsável pela coordenação e documentação dos esforços de resposta e recuperação de incidentes e pode ser constituído por pessoal da empresa, fornecedores terceiros ou uma abordagem híbrida. Se for utilizado um fornecedor externo, designar pelo menos um membro do pessoal da empresa para supervisionar o fornecedor externo. Rever anualmente ou quando ocorrerem alterações significativas na empresa que possam afetar esta segurança.	
17.2 Estabelecer e manter informações de contacto para a comunicação de incidentes de segurança. Estabelecer e manter informações de contacto para as partes que necessitam de ser informadas sobre incidentes de segurança. Os contactos podem incluir pessoal interno, fornecedores terceiros, autoridades policiais, fornecedores de seguros cibernéticos, agências governamentais relevantes. Agências, parceiros do Centro de Análise e Partilha de Informações (ISAC) ou outras partes interessadas. Rever os contactos anualmente para garantir que as informações estão actualizadas.	
17.3 Estabelecer e manter um processo de comunicação de incidentes em toda a organização. Estabelecer e manter um processo a nível da empresa para que os funcionários comuniquem incidentes de segurança. O processo inclui os prazos de comunicação, o pessoal que deve comunicar, o mecanismo de comunicação e as informações mínimas a comunicar. Disponibilizar o processo publicamente a todos os funcionários. Rever anualmente ou sempre que ocorram alterações significativas na empresa que possam afetar esta segurança.	

No que se refere ao segundo aspeto relacionado com a avaliação da eficácia da aplicação dos documentos regulamentares na prática do sector bancário da República do Cazaquistão através da análise dos casos de violação da segurança dos dados, o tipo de informação bastante fechado sobre os incidentes de segurança da informação nos bancos complica significativamente essa análise. Os dados disponíveis em fontes abertas sobre incidentes de segurança informática nos bancos são os seguintes

- O regulador do sector bancário aponta para 64 incidentes cibernéticos nas organizações financeiras do Cazaquistão em 2023;
- Fuga de dados de 12 milhões de registos de clientes do Kazpost [27];
- Foram roubados fundos de 500 cartões bancários através do sistema de pagamento Woopay.kz [28];
- Ataque de phishing em nome de um funcionário do Jusan Bank [29];

- O desvio de 2 mil milhões de tenge de dois bancos no Cazaquistão em 2016-2017 [30];

- Falha no sistema de pagamentos do SB JSC "Alfa Bank" com transferências não autorizadas no montante de 416 milhões de tg[31];

- Estatísticas do Serviço Técnico do Estado no âmbito do NSC da RK para o primeiro semestre de 2021 [32];

Assim, a falta de informação completa e aberta para os últimos 5 anos e a fragmentação da informação disponível nos meios de comunicação social não nos permite tirar conclusões completas sobre o nível de eficiência da regulação do sector bancário. Verifica-se um aumento gradual do impacto da regulamentação sobre os participantes no mercado financeiro, o que se deve ao desenvolvimento da função e ao aumento dos recursos despendidos pelo Estado nesta área (o regulador central, em março de 2023, alargou o número de especialistas na área da regulamentação dos requisitos de segurança da informação e criou o Departamento de Informação e Cibersegurança) [33].

No que respeita ao terceiro aspeto relacionado com a avaliação da eficácia da aplicação das normas de segurança existentes através do nível de sensibilização e formação do pessoal bancário, pode referir-se que, em 2020, a autoridade reguladora competente aprovou um regulamento que obriga os bancos de segundo nível no Cazaquistão a realizarem formação anual e a terem chefes de departamentos de segurança da informação certificados de acordo com certificações internacionais[34].

Ao mesmo tempo, este regulamento foi repetidamente finalizado e os requisitos reforçados em 2021 e 2022 [35].

4 DESENVOLVIMENTO DE NORMAS E ORIENTAÇÕES PARA A SEGURANÇA DOS GRANDES VOLUMES DE DADOS

4.1 Analisar os desafios e as vulnerabilidades da segurança dos megadados no sector bancário

O desenvolvimento de normas e recomendações para a segurança dos grandes volumes de dados é uma tarefa importante na atual sociedade da informação. Os grandes dados, ou big data, são enormes quantidades de informação que são processadas e armazenadas utilizando várias tecnologias e algoritmos [36]. O sector bancário é um dos domínios em que a segurança dos megadados assume particular importância, uma vez que está relacionada com o tratamento e o armazenamento de informações financeiras sensíveis dos clientes.

A análise dos problemas e das vulnerabilidades no domínio da segurança dos grandes volumes de dados no sector bancário permite identificar as principais ameaças e riscos que podem surgir quando se processam e armazenam grandes quantidades de dados [37]. Um dos principais problemas é o acesso não autorizado aos dados. A pirataria de bases de dados e a fuga de informações podem conduzir a graves perdas financeiras e a danos na reputação do banco. Além disso, os grandes volumes de dados podem conter informações pessoais dos clientes, que devem ser protegidas de acordo com os requisitos da legislação sobre proteção de dados pessoais.

Uma das vulnerabilidades da segurança dos grandes volumes de dados é a proteção inadequada da infraestrutura de rede. A rede de um banco pode ser vulnerável a hackers que tentam aceder a dados ou perturbar as operações do sistema. Uma proteção inadequada da rede pode levar à fuga de informações ou à interrupção das operações bancárias. É importante notar que os requisitos regulamentares existentes para os bancos de segundo nível no Cazaquistão prescrevem a obrigatoriedade de firewall da infraestrutura de informação que processa informações confidenciais, bem como a separação dos ambientes de processamento de dados de teste e de produção.

Uma lista das vulnerabilidades mais comuns das tecnologias da informação que processam grandes volumes de dados pode ser investigada utilizando o OWASP Data Security Top 10 [38] preparado pelo Open Worldwide Application Security Project (OWASP), um projeto aberto de segurança das aplicações.

De acordo com o OWASP Data Security Top 10, os seguintes tipos de vulnerabilidades são os mais comuns e os seus métodos de correção estão resumidos na Tabela 2.

Tabela 2 - Vulnerabilidades mais comuns e métodos de correção de acordo com o OWASP Data Security Top 10

Nome do ataque	Descrição do ataque	Recomendações sobre a forma de atenuar o risco de um ataque bem sucedido
Injeção de dados	pessoas não autorizadas exploram vulnerabilidades para introduzir códigos ou comandos maliciosos que podem comprometer a integridade e a confidencialidade dos dados)	1. Utilize consultas parametrizadas ou instruções preparadas para evitar a injeção de SQL. 2. Implementar a validação de entrada e limpar a entrada do utilizador para bloquear a injeção de malware. 3. Utilizar firewalls de aplicações Web (WAFs) para detetar e bloquear ataques por injeção.
Violação da autenticação e do controlo de acesso	Mecanismos de autenticação fracos, controlo de acesso incompleto ou permissões mal configuradas que permitem o acesso não autorizado a dados sensíveis	1. Aplicar políticas de palavras-passe fortes, incluindo requisitos de complexidade das palavras-passe e actualizações regulares das mesmas. 2. Implemente a autenticação multi-fator (MFA) para adicionar uma camada extra de segurança. 3. Aplicar o princípio do menor privilégio, garantindo que os utilizadores só têm acesso aos recursos de que necessitam.
Fugas de dados	Divulgação não autorizada ou roubo de dados sensíveis, pondo em causa a sua confidencialidade e podendo ter consequências jurídicas e para a reputação	1. Aplicar regularmente patches e atualizar o software e os sistemas para resolver as vulnerabilidades. 2. Implementar sistemas de deteção e prevenção de intrusões (IDPS) para detetar e bloquear tentativas de acesso não autorizado. 3. Encriptar os dados sensíveis, tanto no armazenamento como na transmissão, para os proteger do acesso não autorizado.
Ataques de malware e ransomware	Infeção por software malicioso que pode comprometer a disponibilidade, confidencialidade e integridade dos dados, muitas vezes através de ataques de	1. Implementar soluções robustas de antivírus e antimalware e mantê-las actualizadas. 2. Formar regularmente os funcionários sobre práticas de navegação segura e os perigos de abrir anexos suspeitos ou visitar sítios Web não fiáveis. 3. Mantenha cópias de segurança actualizadas dos seus dados críticos para mitigar os ataques de ransomware.

	phishing ou vulnerabilidades em software não atualizado.	
Ameaças internas	Acções maliciosas ou não intencionais de utilizadores autorizados, como funcionários ou contratantes, que resultem em acesso não autorizado, utilização indevida ou divulgação de dados sensíveis	1. Implementar controlos de acesso robustos, garantindo que os funcionários só têm acesso aos dados e sistemas necessários para as suas funções. 2. Acompanhar e registar a atividade do utilizador para detetar comportamentos suspeitos ou roubo de dados. 3. Fornecer formação regular em matéria de segurança para informar os funcionários sobre as políticas de segurança e os riscos associados ao tratamento não autorizado de dados.
Suporte criptográfico insuficiente	Práticas de cifragem inadequadas, incluindo algoritmos fracos, gestão deficiente das chaves ou ausência de cifragem, tornando os dados vulneráveis ao acesso não autorizado ou à adulteração	1. Utilizar algoritmos e protocolos de encriptação fortes e actualizados. 2. Aplicar práticas adequadas de gestão de chaves, incluindo o armazenamento seguro, a rotação e a distribuição de chaves de cifragem. 3. Testar e atualizar regularmente os mecanismos de encriptação de acordo com as melhores práticas da indústria.
Tratamento inseguro de dados	Armazenamento, transferência ou eliminação incorrecta de dados sensíveis que conduzam a uma divulgação ou perda acidental	1. Implementar controlos de acesso fortes e mecanismos de cifragem para proteger os dados no armazenamento e na transmissão. 2. Avaliar e atualizar regularmente os procedimentos de tratamento de dados de acordo com as normas e regulamentos do sector. 3. Implementar métodos seguros de eliminação de dados, incluindo a eliminação ou destruição segura de dados quando já não são necessários.
Segurança insuficiente por parte de terceiros	Medidas de segurança inadequadas por parte de fornecedores terceiros ou integrações que criam	1. Efetuar uma avaliação completa da segurança dos fornecedores terceiros antes de estabelecer uma parceria comercial. 2. Implementar um programa de gestão de riscos de fornecedores para avaliar e monitorizar as práticas de segurança de terceiros.

	vulnerabilidades que podem ser exploradas para o acesso não autorizado aos dados	3. Rever e atualizar regularmente os contratos e acordos, incluindo os requisitos e expectativas de segurança.
Inventário e gestão de dados deficientes	Um inventário incompleto ou impreciso dos activos digitais e práticas insuficientes de gestão de dados, que conduzem a dificuldades na proteção e segurança dos dados	1. Realizar regularmente a descoberta de activos e a gestão de inventários para identificar e catalogar todos os activos digitais. 2. Implementar uma estrutura de classificação de dados para categorizar os dados com base na sua confidencialidade e aplicar as medidas de segurança adequadas em conformidade. 3. Estabelecer políticas e procedimentos de gestão de dados, incluindo armazenamento de dados, controlos de acesso e métodos de eliminação seguros.
Não cumprimento dos requisitos de proteção de dados	Incumprimento dos requisitos aplicáveis em matéria de proteção de dados, das normas da indústria e dos requisitos legais, expondo as organizações a riscos legais e a danos para a sua reputação	1. Estudar as regras e normas pertinentes em matéria de proteção de dados aplicáveis às actividades da sua organização e aos dados que trata. 2. Efectue uma avaliação exaustiva das suas actividades de tratamento de dados para identificar eventuais lacunas de conformidade. 3. Desenvolver e implementar políticas, procedimentos e controlos sólidos de proteção de dados para garantir a conformidade com os regulamentos aplicáveis. 4. Reveja e actualize regularmente as suas práticas de proteção de dados à medida que os regulamentos evoluem e surgem novos requisitos. 5. Fornecer programas de formação e sensibilização aos funcionários para garantir que compreendem as suas responsabilidades e a importância do cumprimento. 6. Efetuar auditorias e avaliações periódicas para controlar a conformidade e identificar áreas a melhorar. 7. Recorra a aconselhamento jurídico ou a especialistas em proteção de dados para garantir a conformidade com os requisitos legais e as melhores práticas.

		8. Manter a documentação e os registos adequados para demonstrar os esforços de conformidade.

Para enfrentar os desafios e as vulnerabilidades da segurança dos megadados no sector bancário, é necessário desenvolver medidas de proteção personalizadas que se justifiquem economicamente em cada aplicação específica. As orientações internacionais existentes devem ser utilizadas para garantir uma proteção sólida dos dados.

Um dos principais aspectos de um conjunto de requisitos para a proteção de grandes volumes de dados deve ser a privacidade dos dados. A privacidade dos dados é importante para proteger os dados pessoais dos clientes, os segredos bancários e as informações comerciais. Para tal, é necessário utilizar algoritmos de encriptação modernos e mecanismos de controlo de acesso que restrinjam o acesso aos dados apenas a pessoas autorizadas.

A integridade dos dados é também um aspeto importante. A integridade dos dados garante que as informações não foram alteradas ou corrompidas de forma inadequada. Para tal, é necessário utilizar mecanismos de controlo da integridade que detectem qualquer alteração ou substituição de dados. Além disso, devem ser desenvolvidos mecanismos de cópia de segurança dos dados que permitam a sua recuperação em caso de perda ou corrupção, garantindo assim o nível necessário de disponibilidade dos dados (ou seja, a capacidade de recuperar e utilizar a informação no momento certo).

Para garantir a segurança da infraestrutura de rede, é necessário desenvolver normas e orientações para proteger a rede de ataques externos. Isto pode incluir a utilização de defesas avançadas, como firewalls, sistemas de deteção de intrusões e sistemas de monitorização. Além disso, devem ser efectuadas auditorias e testes regulares à segurança da rede para identificar e corrigir vulnerabilidades.

Outro aspeto importante da segurança em grandes volumes de dados é a monitorização e análise da segurança. A monitorização permite-lhe acompanhar a atividade dos utilizadores, detetar comportamentos anómalos e prevenir incidentes de segurança. A análise de segurança permite identificar vulnerabilidades e fraquezas no sistema e fornece informações para a tomada de decisões para melhorar a segurança. Para garantir a segurança no sector bancário da República do Cazaquistão, recomenda-se a aplicação de uma abordagem abrangente que inclua vários métodos e tecnologias. Os componentes importantes dessa abordagem são a encriptação dos dados, a autenticação e autorização dos utilizadores, a monitorização e análise da segurança e a formação e sensibilização dos trabalhadores.

Para os bancos que são emissores de cartões de pagamento, uma das principais normas de segurança no sector bancário é a PCI DSS (Payment Card Industry Data Security Standard). Esta norma estabelece requisitos para a segurança dos dados dos cartões de pagamento e inclui medidas como a proteção da rede, a encriptação de dados, a restrição de acesso, etc. A implementação e o cumprimento da norma PCI DSS são obrigatórios. A implementação e a conformidade com a norma PCI DSS são obrigatórias para todos os bancos que aceitam pagamentos com cartões de pagamento.

Além disso, outras normas e diretrizes, como a ISO/IEC 27001, ITIL, COBIT e outras, podem ser aplicadas à segurança no sector bancário. Estas normas fornecem orientações sobre a gestão da segurança da informação, incluindo o estabelecimento de políticas, procedimentos e controlos.

Em conclusão, garantir a segurança dos grandes volumes de dados é uma tarefa importante e exigente na atual sociedade da informação. Para o efeito, é necessário aplicar vários métodos e tecnologias, como a encriptação de dados, a autenticação e autorização do utilizador, a monitorização e análise da segurança. No sector bancário da República do Cazaquistão, é especialmente importante garantir a segurança dos grandes volumes de dados devido ao grande volume de informações sensíveis e às várias ameaças. Para este efeito, recomenda-se a aplicação de uma abordagem abrangente que inclua várias normas e recomendações, tais como PCI DSS, ISO/IEC 27001, ITIL, COBIT e outras.

4.2 Desenvolvimento de novas normas e orientações para garantir a segurança dos grandes volumes de dados no sector bancário

O desenvolvimento de normas e recomendações para garantir a segurança dos grandes volumes de dados é uma tarefa urgente na atual sociedade da informação. Os grandes volumes de dados, ou Big Data, são conjuntos de dados volumosos e complexos que requerem métodos e ferramentas especiais para o seu processamento, armazenamento e análise. No entanto, com o aumento do volume de dados no sector financeiro, surge o problema da sua segurança, uma vez que os grandes dados contêm muitas informações confidenciais e sensíveis, e surgem locais de armazenamento de dados muito diferentes: contentores de ficheiros em estações de trabalho e servidores, bases de dados relacionais e não relacionais colocadas na infraestrutura de servidores de empresas e de terceiros (processamento de dados na nuvem), várias aplicações na nuvem utilizadas ao abrigo do modelo SaaS (Software as a Service), armazenamentos de dados empresariais, armazenamento de dados, armazenamento de dados, etc. Cada local de armazenamento de dados é caracterizado por uma caraterística específica do armazenamento de dados. Cada local de armazenamento de dados é caracterizado por um conjunto único de ameaças que podem pôr em risco a confidencialidade, a disponibilidade e a integridade dos dados.

No sector bancário, o processamento de grandes volumes de dados é particularmente importante porque os bancos contêm uma grande quantidade de dados pessoais dos clientes, bem como informações financeiras, e devido ao cenário em constante mudança da infraestrutura dos bancos, seguindo continuamente as últimas tendências em tecnologias de processamento de informação. Por conseguinte, o desenvolvimento de novas normas e diretrizes para garantir a segurança dos grandes volumes de dados no sector bancário é uma necessidade.

Um dos principais aspectos da segurança em grandes volumes de dados é a proteção dos dados contra o acesso não autorizado. Para tal, é necessário utilizar vários métodos de autenticação e autorização do utilizador, bem como a encriptação dos dados. Por exemplo, pode ser utilizada a autenticação de dois factores, em que o utilizador tem de fornecer dois factores diferentes para provar a sua identidade, como a palavra-passe e a impressão digital. É também necessário encriptar os dados, tanto enquanto estão armazenados como enquanto estão a ser transmitidos através da rede.

Outro aspeto importante da segurança em grandes volumes de dados é a deteção e prevenção de ataques ao sistema de processamento de dados. Para tal, é necessário utilizar sistemas especializados de monitorização e análise de dados que possam detetar comportamentos anormais dos utilizadores ou consultas invulgares à base de dados. Também é necessário atualizar regularmente o software e aplicar patches de segurança para proteger o sistema de vulnerabilidades conhecidas.

Outro aspeto importante da segurança nos megadados é a integridade dos dados. A integridade dos dados significa que os dados não foram alterados ou adulterados sem autorização. Podem ser utilizadas várias técnicas, como o hashing de dados e as somas de controlo, para garantir a integridade dos dados. O hashing de dados permite-lhe criar um identificador único para cada bloco de dados, que se alterará se os dados forem alterados. As somas de controlo permitem verificar a integridade dos dados, comparando a soma de controlo dos dados recebidos com a soma de controlo esperada. Esta abordagem é amplamente utilizada em modo automático nas tecnologias de registo de armazenamento distribuído.

Além disso, um aspeto importante da segurança nos megadados é a privacidade dos dados. A confidencialidade dos dados significa que apenas os utilizadores autorizados têm acesso aos dados e que outras pessoas não podem aceder aos dados. Para garantir a confidencialidade dos dados, podem ser utilizadas técnicas de cifragem como a cifragem simétrica e a cifragem assimétrica. A cifragem simétrica utiliza a mesma chave para cifrar e decifrar dados, enquanto a cifragem assimétrica utiliza chaves diferentes para cifrar e decifrar dados.

Após analisar o conceito de megadados, os métodos e as normas de proteção de dados existentes, podemos concluir que os métodos de segurança dos megadados podem ser agrupados em quatro áreas, tais como a segurança da infraestrutura (por exemplo, computação distribuída segura utilizando MapReduce), a confidencialidade dos dados (por exemplo, extração de dados que preserva a confidencialidade/acesso detalhado), a governação dos dados (por exemplo, proveniência e armazenamento seguros dos dados) e a integridade e segurança reactiva (por exemplo, integridade dos dados e segurança reactiva).

Cada um destes aspectos enfrenta os seguintes desafios em matéria de segurança:

1. Segurança das infra-estruturas
2. Privacidade dos dados
   - Análise inteligente de dados com dados que preservam a privacidade.
   - Soluções criptográficas para segurança de dados
   - Controlo de acesso
3. Gestão e integridade dos dados
   - Armazenamento seguro de dados e registos de transacções
   - Auditoria pormenorizada
   - Origem dos dados
4. Segurança reactiva
5. Filtragem e verificação de ponta a ponta
6. Monitorização em tempo real do nível de segurança.

Estas preocupações de segurança e privacidade abrangem todo o espetro do ciclo de vida dos grandes volumes de dados (Figura 1): fontes de produção de dados (dispositivos), os próprios dados, processamento de dados, armazenamento de dados, transporte de dados e utilização de dados entre dispositivos.

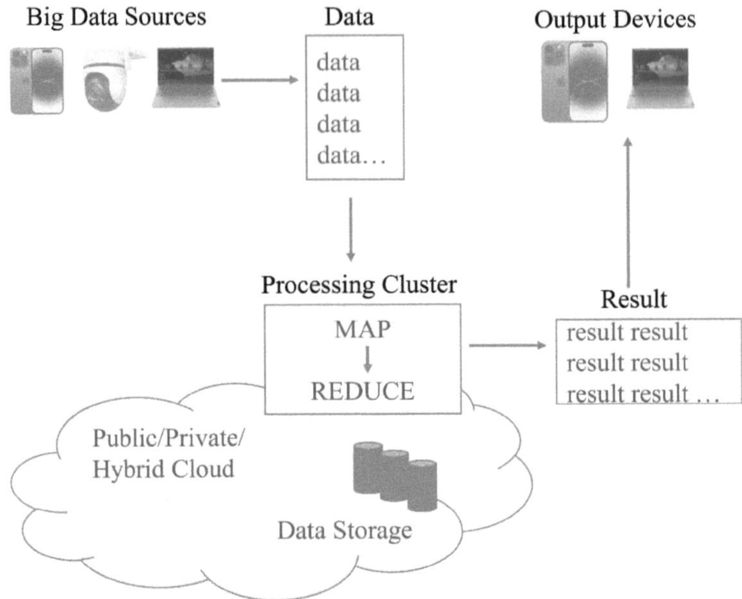

Figura 1 - Ciclo de vida dos grandes volumes de dados

Questões de segurança e privacidade no ecossistema de grandes volumes de dados:

- Interface de gestão insuficientemente protegida: pode permitir que um atacante explore sem autorização a interface de administração (através de scripts entre sítios, falsificação de consultas entre sítios e injeção de SQL ou outros tipos de ataque) e obtenha acesso não autorizado para controlar o dispositivo de armazenamento e processamento.
- Fraca implementação dos mecanismos de autenticação/autorização: pode permitir que um atacante explore uma má política de palavras-passe, descodifique palavras-passe fracas e obtenha acesso a modos privilegiados.
- Utilização de serviços de rede inseguros ou desnecessários: pode levar um atacante a tirar partido de serviços desnecessários ou fracos em execução no dispositivo, ou a utilizar estes serviços como ponto de partida para atacar outros dispositivos na rede.
- Sem encriptação de transporte: permite a um atacante intercetar dados em trânsito entre dispositivos.
- Preocupações com a privacidade: surgem porque a maioria dos dispositivos recolhe dados pessoais dos utilizadores e não os protege adequadamente.

- Interface de nuvem insegura: sem controlos adequados, um atacante pode utilizar vários vectores de ataque (autenticação, falta de encriptação de transporte, enumeração de contas) para aceder a dados ou controlos através de um recurso de nuvem.
- Interface móvel insegura: sem controlos adequados, um atacante pode utilizar múltiplos vectores de ataque (autenticação, falta de encriptação do transporte, enumeração de contas) para aceder a dados ou controlos através da interface móvel utilizando uma variedade de tipos de ligação.
- Granularidade insuficiente nas definições de segurança: devido a mecanismos de configuração inexistentes ou deficientes, um atacante pode obter acesso a dados ou controlos no dispositivo.
- Software/firmware inseguro: Os atacantes podem tirar partido de ligações não encriptadas e não autenticadas para intercetar actualizações do dispositivo e efetuar actualizações maliciosas que podem comprometer o dispositivo, a rede do dispositivo e os dados nele armazenados.
- Segurança física deficiente: se um dispositivo de processamento de informações estiver fisicamente acessível, um atacante pode utilizar portas USB, cartões SD ou outro tipo de armazenamento para aceder ao sistema operativo do dispositivo e, possivelmente, a quaisquer dados nele armazenados.

Como resultado do trabalho realizado, foram determinadas recomendações para a seleção e aplicação de métodos, tal como aplicados ao sector bancário, para minimizar os riscos e a probabilidade de ameaças à segurança da informação no trabalho com grandes volumes de dados (Quadro 3):

Quadro 3 - Recomendações para a seleção e aplicação de métodos, tal como aplicados ao sector bancário, para minimizar os riscos e a probabilidade de ameaças à segurança da informação no trabalho com grandes volumes de dados.

Método	Método Descrição	Aplicabilidade no processo bancário	Conformidade	Caminho de implementação	Tipo de informação protegida nas actividades bancárias	Recomendações

Gestão do risco	Identificar, avaliar e gerir os riscos dos megadados para garantir a segurança e a continuidade dos processos empresariais.	Utilizado para todos os processos relacionados com o processamento de dados e a análise de grandes volumes de dados.	Cumpre as normas ISO 31000 e ISO 27005 e os requisitos do Banco Nacional da República do Cazaquistão (a seguir designado "NBRK"), ARRFR sobre gestão de riscos.	1. identificação dos riscos: identificar os riscos potenciais associados à utilização de grandes volumes de dados no sector bancário (fugas de dados, violação da confidencialidade, acesso não autorizado, etc.). Para implementar esta fase, é necessário efetuar um inventário preliminar dos locais de armazenamento de dados, fazer uma lista dos tipos de dados processados. 2. Análise de risco: analisar a probabilidade e o impacto de cada risco	Todos os tipos de dados	Utilizar diretrizes de gestão de riscos, como a ISO 31000 e a ISO 27005. Para os casos iniciais de avaliação de risco, utilize métodos de análise de risco qualitativos ou especializados simples; à medida que o processo amadurece, passe para a avaliação de risco quantitativa. Utilizar sistemas de automatização como o SAS Risk Management ou o IBM OpenPages. Realizar auditorias

				(utilizar métodos de matriz de risco).3. Desenvolver estratégias de gestão do risco: selecionar técnicas adequadas de gestão do risco (evitar, mitigar, transferir ou aceitar riscos).4. Documentar o plano de gestão do risco: criar um plano com instruções detalhadas de gestão do risco.5. Implementar o plano de gestão de riscos: atribuir responsabilidades pela implementação do plano e pela comunicação entre os participantes.6. Monitorizar e avaliar a eficácia: avaliar		regulares ao plano.

				regularmente e ajustar o plano conforme necessário.7. Assegurar a conformidade: assegurar que o plano está em conformidade com os requisitos regulamentares internos e externos estabelecidos, tais como os do NBK.		
Controlo de acesso	Restringir o acesso aos dados apenas a pessoas autorizadas para impedir o acesso não autorizado.	Garantir a segurança dos dados dos clientes, restringindo o acesso aos sistemas bancários em linha e aos sistemas internos do banco.	Em conformidade com as normas ISO/IEC 27001, ISO/IEC 27002, PCI DSS, NBRC, requisitos de segurança de dados ARRF e legislação relativa à proteção de dados pessoais	1. Desenvolver uma política de controlo de acesso: definir as funções e os direitos dos utilizadores e descrever o processo de controlo de acesso (atribuição, modificação e remoção de direitos	Todos os tipos de dados	Utilizar sistemas de gestão de identidade e acesso, como o Okta ou o Microsoft Azure Active Diretory. Realizar auditorias regulares ao controlo de acesso. Utilizar os

				de acesso). 2. Adoção da autenticação multifactor (MFA): com as numerosas vulnerabilidades do software e os métodos de ataque melhorados contra os sistemas de autenticação e autorização, a utilização da autenticação multifactor é a norma exigida de facto para todos os sistemas que tratam dados sensíveis. 3. Sistemas de gestão da identidade e do acesso (IAM): utilizar sistemas de diretórios de		princípios de "suficiência mínima" e "just in time" na atribuição de direitos de acesso

				utilizadores empresariais, como o Okta ou o Microsoft Azure Active Diretory, para gerir os direitos de acesso, o que reduz os erros administrativos através da automatização das tarefas de gestão do acesso. 4. Controlos e auditorias regulares: Controlar a lista de contas com acesso e os respectivos níveis de autorização através de auditorias periódicas.		

Encriptação de dados	Converter os dados num formato encriptado para garantir a confidencialidade e integridade dos dados, utilizando o o hashing de dados.	Proteção dos dados dos clientes nas bases de dados, segurança das transacções bancárias em linha, controlo da integridade dos dados.	Cumpre a norma ISO/IEC 27002, NIST SP 800-53 e os requisitos da NBRK, ARRF para a segurança dos dados, requisitos legais para o tratamento de dados pessoais.	1) Definir os dados a cifrar: Definir os dados a cifrar (por exemplo, dados pessoais sensíveis). 2. utilizar algoritmos de cifragem fortes: por exemplo, AES-256 para garantir a segurança dos dados; ter em conta as restrições legais à escolha de algoritmos de cifragem e à importação de elementos de segurança criptográficos. 3. Implementar a cifragem a diferentes níveis: utilizar a cifragem a nível da base de dados, dos ficheiros ou da rede.	Todos os tipos de dados em que uma violação da confidencialidade possa representar riscos inaceitáveis para a organização	Utilizar algoritmos de encriptação fortes, como o AES-256, e ferramentas de gestão de chaves, como o HashiCorp Vault. Se suspeitar que as informações das chaves foram comprometidas, certifique-se de que as informações das chaves são alteradas atempadamente, efectue alterações de rotina das chaves e volte a encriptar os dados com novas chaves, encripte os dados após a cessação de

				4. Gestão de chaves: Utilize ferramentas de gestão de chaves, como o HashiCorp Vault ou o HSM (Hardware Security Module), para gerir as chaves de encriptação. 5. Garantir a segurança das chaves: atualizar regularmente as chaves de cifragem e guardá-las de forma segura.		funções das pessoas que tinham acesso aos mesmos.

Anonimização dos dados	Substituir ou apagar informações pessoais de dados armazenados para proteger a privacidade.	Tratamento e análise dos dados pessoais dos clientes, dados relativos a vários tipos de segredos (familiar, médico, fiscal, etc.). Garantir a confidencialidade dos dados dos clientes durante a sua análise e tratamento	Cumpre os requisitos da legislação RK sobre proteção de dados pessoais e as normas ISO/IEC 27018 para proteção de dados em serviços de nuvem, requisitos IS da NBRK e ARRFR.	1) Definir os dados a tornar anónimos: Definir os dados a tornar anónimos (por exemplo, dados pessoais de clientes). 2. Métodos de anonimização: utilizar métodos de anonimização como o k-anonimato ou a l-diversidade. 3. Ferramentas de anonimização de dados: utilizar software como o K2VIEW, o IBM InfoSphere Optim Data Privacy, o Informatica Data Security Cloud ou o Talend. 4. Verificar a	Dados pessoais, bancários e outros tipos de segredos protegidos por legislação	Efetuar auditorias regulares da qualidade da anonimização e rever os métodos, se necessário. Utilizar ferramentas de automatização para tornar os dados anónimos.

				qualidade da anonimização: testar regularmente a conformidade da anonimização e da segurança.		
Monitorização da segurança	Monitorizar eventos do sistema para detetar e prevenir ameaças à segurança.	Monitorização da atividade dos utilizadores e dos sistemas. Controlo da segurança dos sistemas de informação, deteção e prevenção de ciberameaças.	Em conformidade com as normas ISO/IEC 27001, ISO/IEC 27002 e com os requisitos de segurança de dados NBRK, ARRF e PCI DSS.	1. Implementar um sistema de monitorização da segurança: utilizar sistemas de recolha e correlação de registos de eventos (SIEM) para acompanhar a atividade dos utilizadores, administradores e sistemas. 2) Análise e deteção de anomalias: utilize software	Todos os tipos de dados	Utilizar sistemas de monitorização da segurança, como o Splunk ou o Elastic SIEM. Efectue uma monitorização 24 horas por dia, 7 dias por semana e responda atempadamente às ameaças. Defina uma lista de tipos típicos de ataques a dados processados e

				para ajudar a identificar anomalias, como o Splunk ou o Elastic SIEM. 3. Planos de resposta a incidentes: Desenvolver planos para o caso de serem detectados incidentes de segurança. 4. Monitorização e auditoria regulares: verificar regularmente a atividade e os registos do sistema. 5. Resposta atempada: Garantir uma resposta rápida às ameaças à segurança detectadas.		comece a monitorizar com eles; à medida que forem detectados outros tipos de ataques, adicione novas regras de monitorização à lista. Comece a monitorização com os sistemas de informação mais críticos da empresa e ligue gradualmente outras fontes de registos de eventos.

Proteção de dados durante a transmissão	Garantir a segurança dos dados durante a transmissão entre sistemas e serviços.	Proteção dos dados durante a transferência entre sistemas e serviços. Garantir a segurança dos dados dos clientes durante a sua transferência entre os sistemas do banco ou durante as transacções em linha.	Em conformidade com a norma ISO/IEC 27002, NIST SP 800-53 e com os requisitos de segurança de dados NBRC, ARRF e PCI DSS.	1. utilizar protocolos de cifragem: utilizar TLS/SSL para proteger a transmissão de dados com comprimentos de chave adequados aos actuais tipos de ataques a algoritmos criptográficos, efetuar uma verificação anual da força criptográfica dos algoritmos e comprimentos de chave de cifragem utilizados. 2. Autenticação: garantir que os dados são autênticos e que a ligação é segura. 3. testes de penetração: efetuar testes de	Todos os tipos de dados	Utilizar protocolos de encriptação fortes, como o TLS/SSL, para proteger os dados em trânsito. Efetuar testes de penetração para identificar vulnerabilidades. Alterar regularmente as chaves de encriptação das comunicações de rede.

				penetração regulares para identificar vulnerabilidades. 4. Monitorização da segurança: Assegurar que a transmissão de dados é monitorizada e auditada para detetar actividades anormais.		
Segmentação da rede	Dividir a rede em sub-redes para melhorar a segurança e isolar os sistemas críticos dos ataques.	Garantir a segurança da rede e a proteção dos dados.	Em conformidade com as normas ISO/IEC 27002 e com os requisitos de segurança de dados NBRK, ARRF e PCI DSS.	1. identificar segmentos de rede: dividir a rede em segmentos com base em tipos de dados, funções e direitos de acesso. Separe os ambientes de teste dos ambientes de produção. Separar os ambientes de convidados dos ambientes internos.	Todos os tipos de dados	Utilizar firewalls e ACLs para controlar o acesso entre segmentos de rede e aplicar sistemas para detetar e prevenir ataques na rede. Aplicar medidas de segurança para cada segmento.

				2. Implementar medidas de controlo de acesso: Utilizar firewalls, ACLs (listas de controlo de acesso) e outras medidas para restringir o acesso entre segmentos, como as baseadas na tecnologia 802.1X. 3. monitorização do tráfego: utilizar sistemas para monitorizar e analisar o tráfego entre segmentos da rede. 4) Segurança do segmento: Aplicar medidas de segurança para cada segmento da rede, como a		

				encriptação de dados durante a transmissão. 5. Proporcionar isolamento: isolar os segmentos de rede uns dos outros para evitar a propagação de ameaças. 6. Utilizar sistemas do tipo HoneyPot (armadilhas) para detetar intrusões não autorizadas em sub-redes isoladas.		

Gestão de incidentes	Planeamento e resposta a incidentes de segurança para minimizar os danos e garantir a continuidade das actividades.	Resposta a incidentes e continuidade das actividades.	Em conformidade com a norma ISO/IEC 27035, NIST SP 800-61 e com os requisitos NBRC, ARRF Incident Management e PCI DSS.	1. Desenvolver um plano de gestão de incidentes: criar um plano com instruções claras sobre a forma de lidar com determinados tipos de incidentes. 2. Atribuição de responsabilidades: Identificar os responsáveis pela resposta aos incidentes. 3. Comunicação do plano: certificar-se de que o plano é conhecido por todo o pessoal e pelas partes interessadas. 4. formação do pessoal: dar formação ao pessoal responsáv	Todos os tipos de dados	Utilize a ISO/IEC 27035 e a NIST SP 800-61 para criar um plano de gestão de incidentes. Realizar simulacros e exercícios regulares para praticar o plano. Considere os requisitos regulamentares específicos para a recolha de informações e a notificação das partes interessadas, por exemplo, a Resolução n.º 90 do Conselho Diretivo da ARRF, de 21 de setembro de 2020. "Sobre a aprovação dos

				el pela resposta a incidentes. 5. Acompanhamento e avaliação: analisar regularmente a eficácia do plano e revê-lo, se necessário. 6. Treinos e exercícios regulares: efetuar exercícios práticos para pôr em prática o plano.		requisitos para os serviços de resposta a incidentes de segurança da informação, investigações internas de incidentes de segurança da informação".

Gestão da config uração	Garantir a segurança e estabilidade do sistema gerindo definições e configurações.	Garantir a estabilidade e a segurança do sistema.	Em conformidade com as normas ISO/IEC 27002 e com os requisitos de gestão de configuração NBRK, ARRF e PCI DSS.	1) Identificar os principais elementos de configuração: Identificar os componentes críticos do sistema, como servidores, aplicações e redes. 2) Definir normas para definições de configuração seguras para diferentes tipos de activos de informação (servidor, estação de trabalho, equipamento de rede, etc.). 3. Implementar sistemas automatizados de gestão da configuração, quando aplicável: utilizar ferramenta	Todos os tipos de dados	Utilizar ferramentas de gestão da configuração, como o Ansible ou o Puppet. Efetuar verificações e auditorias regulares da configuração. Utilizar as recomendações dos fornecedores e de peritos internacionais, como o Centro de Segurança da Internet (CIS Benchmarks), para determinar as normas de configuração

				s como o Ansible ou o Puppet para a gestão da configuração. 4. Controlos e auditorias regulares: realizar controlos e auditorias regulares da configuração para garantir a conformidade com as normas. 5. Gestão de alterações: Utilizar processos de gestão de alterações para controlar as alterações de configuração. 6. Documentação: criar e manter a documentação da configuração do sistema.		

Tokenização de dados	Proteja os dados sensíveis dos clientes, como números de cartões e contas bancárias, substituindo-os por tokens.	Proteção de dados sensíveis, como as informações financeiras dos clientes.	Em conformidade com os requisitos do NBRC relativos à proteção de dados pessoais e com as normas PCI DSS.	1) Definir os dados a tokenizar: Identificar os dados sensíveis a tokenizar. 2. Implementar a tokenização: utilizar sistemas de tokenização de dados, como o Prime Factors EncryptRIGHT ou o CipherCloud. 3. armazenamento de fichas: garantir que as fichas são armazenadas de forma segura e de acordo com os dados originais. 4. Controlo do acesso aos tokens: restringir o acesso aos tokens apenas a pessoas autorizadas.	Informações financeiras, dados pessoais	Utilizar sistemas de tokenização de dados, como o Prime Factors ou o CipherCloud. Efetuar verificações e testes regulares do sistema de tokenização.

				5. Verificação e teste: verificar e testar regularmente o sistema de tokenização.		
Educação e formação	Fornecer formação de conhecimentos e competências aos empregados para os sensibilizar para as práticas de segurança dos dados.	Formar os empregados e sensibilizá-los para a segurança dos dados e para as novas técnicas de ciberdefesa.	Em conformidade com os requisitos de formação NBRK, ARRF, PCI DSS e ISO/IEC 27001.	1. Desenvolver um programa de formação: criar um programa de formação sobre segurança dos dados. 2. formação do pessoal: proporcionar formação regular a todo o pessoal, incluindo formação sobre como evitar o phishing e	Todos os tipos de dados	Estabelecer um programa de formação em matéria de segurança dos dados e proporcionar formação regular a todos os empregados. Efetuar verificações de conhecimentos e assegurar que o programa é mantido atualizado.

				outras ameaças. 3. Teste de conhecimentos: testar e validar os conhecimentos dos empregados sobre questões de segurança de dados. 4. Manter os conhecimentos actualizados: garantir que o programa de formação é atualizado em função das alterações legislativas e das ameaças.		

Gestão da segurança	Organização geral das medidas de segurança e dos procedimentos de proteção dos dados.	Gerir e garantir a segurança de todos os processos e dados.	Em conformidade com os requisitos de gestão de segurança ISO/IEC 27001, ISO/IEC 27002 e NBRK, ARRF, PCI DSS.	1. Desenvolver uma política de segurança: criar uma política de segurança da informação de acordo com os requisitos do NBRC, ARRF e ISO/IEC 27001. 2 Organizar as medidas de segurança: Definir medidas de segurança para proteger os dados e os processos. 3. Controlo da aplicação das medidas de segurança: designar os responsáveis pelo controlo da aplicação das medidas	Todos os tipos de dados	Utilizar as normas ISO/IEC 27001 e ISO/IEC 27002 para organizar as medidas de segurança. Efetuar revisões e auditorias regulares. Estabelecer uma frequência e comunicar à direção da organização o estado e a evolução do nível de maturidade dos processos de segurança da informação.

				de segurança. 4. Controlo e auditorias regulares: realizar auditorias para garantir o cumprimento da política de segurança da informação. 5. Continuidade das actividades: Criar planos de continuidade das actividades.		
Proteção contra ataques DDoS	Prevenção e atenuação de ataques distribuídos de negação de serviço (DDoS).	Prevenir ataques de negação de serviço, proteger os sítios Web e os serviços em linha do banco.	Está em conformidade com as normas NIST SP 800-63-3, os requisitos NBRC, ARRFR e as recomendações ENISA.	1. Implementar soluções de proteção DDoS: utilizar software especializado ou ferramentas de proteção DDoS em hardware, por exemplo, Cloudflare, Akamai, Radware. Em alternativa, adquirir	Todos os tipos de dados	Utilizar soluções de proteção DdoS, como Cloudflare, Akamai, Radware, F5. Efetuar a monitorização e análise do tráfego para detetar ataques DdoS.

				serviços de depuração do tráfego de rede aos fornecedores de serviços de comunicações. Ajustar o equipamento de rede e as configurações do servidor Web para reduzir a probabilidade de ataques bem sucedidos aos recursos em linha, estabelecendo limites para o número de ligações à rede e de pedidos por unidade de tempo. 2. Monitorizar e analisar o tráfego: Monitorizar e analisar o tráfego para detetar		

				ataques DdoS. 3. Planos de resposta a ataques DdoS: Desenvolver planos de ação em caso de ataques DdoS. 4) Assegurar a redundância: Assegurar que os sistemas são redundantes para atenuar os efeitos dos ataques. 5. Assegurar a comunicação: informar os clientes sobre eventuais problemas durante os ataques DdoS.		

Garantir a confidencialidade	Proteção da confidencialidade dos dados pessoais dos clientes e dos empregados.	Processamento e armazenamento de dados pessoais de clientes e funcionários.	Cumpre os requisitos da legislação RK sobre proteção de dados pessoais e a norma RGPD.	1) Identificar os dados a proteger: Identificar os dados pessoais dos clientes e dos empregados a proteger. 2. Desenvolver uma política de privacidade: criar uma política de privacidade em conformidade com os requisitos da legislação do RK e da norma RGPD. 3 Garantir o consentimento do cliente: garantir que os clientes consentiram no tratamento dos seus dados pessoais para a lista de finalidades de	Dados pessoais, dados dos trabalhadores	Criar uma política de privacidade em conformidade com os requisitos da legislação RK e da norma GDPR. Garantir a minimização dos dados armazenados e processados e a transparência do processamento de dados.

				tratamento exigida. 4. Minimização dos dados: limitar a recolha e o armazenamento de dados na medida do necessário apenas para cumprir as finalidades de tratamento definidas no consentimento das pessoas em causa. 5. Proteção dos dados: utilizar a cifragem, a simbolização e outras medidas para proteger os dados. 6. Garantir a transparência: fornecer aos clientes informações sobre a forma como os seus dados		

				são tratados.		
Alterar o control o	Gerir as alteraçõe s aos sistemas e processos para garantir a seguranç a e a integrida de dos dados.	Garantir a seguranç a e a integrida de dos dados à medida que os sistemas e processo s mudam.	Está em conformida de com a norma ISO/IEC 27002 e com os requisitos da NBRK, ARRFR para a gestão da mudança.	1 Definir um processo de gestão da mudança: Estabelece r um processo de gestão da mudança para sistemas e processos. Considera r os riscos inerentes à mudança e, para mudanças com altos riscos de segurança	Todos os tipos de dados	Utilizar ferrament as de gestão de alteraçõe s, como o Jira ou o ServiceN ow. Efetuar controlos regulares das alteraçõe s e auditoria s de processos .

				da informaçã o, fornecer planos de cancelame nto detalhados . 2. Implement ar ferramenta s de gestão das alterações: Utilizar ferramenta s como o Jira ou o ServiceNo w para acompanh ar as alterações. 3. Teste de alterações: analisar e testar as alterações antes da sua implement ação. 4. Document ar as alterações: Document ar todas as alterações para efeitos de controlo. 5. Auditorias regulares: efetuar auditorias regulares ao		

				processo de gestão da mudança.		
Mascaramento de dados	Substituição de dados reais por pseudónimos ou dados alterados para proteger a privacidade.	Tratamento e análise dos dados pessoais dos clientes.	Em conformidade com a norma ISO/IEC 27018 e com os requisitos de proteção de dados da NBRK, ARRF.	1) Definir os dados a mascarar: Definir os dados a mascarar (por exemplo, dados pessoais dos clientes). 2. Técnicas de mascaramento: Utilizar técnicas de mascaramento como a substituição de caracteres ou	Dados pessoais	Utilizar software de mascaramento de dados, como o Informatica ou o Delphix. Efetuar verificações e testes regulares da qualidade do mascaramento.

				intervalos de dados. 3. ferramentas de mascaramento de dados: utilizar software como o Informatica ou o Delphix para automatizar o mascaramento de dados. 4. Inspeção e ensaio: verificar regularmente a qualidade da máscara e a sua conformidade com os requisitos de segurança.		

Criação de políticas e documentos internos	Desenvolver políticas e procedimentos para garantir a segurança e a conformidade.	Criar documentos para gerir a segurança dos dados.	Em conformidade com a norma ISO/IEC 27001, ISO/IEC 27002 e com os requisitos NBRK, ARRF e PCI DSS.	1. Desenvolvimento de políticas de segurança: criar uma política de segurança da informação e regulamentos e instruções a jusante, em conformidade com os requisitos dos actos regulamentares da RK e com as normas ISO/IEC 27001 e PCI DSS .2 Criar documentos internos: preparar documentos como manuais do utilizador, normas e procedimentos de segurança. 3. Comunicação das políticas e dos documentos: assegurar	Todos os tipos de dados	Criar uma política de segurança e documentos internos em conformidade com os requisitos da legislação do Reino Unido e das normas internacionais. Realizar auditorias regulares e atualizar os documentos.

				que as políticas e os documentos são do conhecimento de todos os trabalhadores. 4. aplicar as políticas: efetuar auditorias regulares para garantir o cumprimento dos requisitos de segurança estabelecidos. 5. Atualização e revisão: rever e atualizar regularmente as políticas e os documentos.		

5 TESTE E AVALIAÇÃO DA SEGURANÇA DOS SISTEMAS DE PROCESSAMENTO E ARMAZENAMENTO DE GRANDES VOLUMES DE DADOS

5.1 Preparação de cenários de teste para avaliar a segurança dos sistemas de processamento e armazenamento de grandes volumes de dados

Testar e avaliar a eficácia das técnicas de segurança em grandes volumes de dados são passos importantes na conceção e aplicação de sistemas de processamento e armazenamento de grandes volumes de dados. Nesta secção, analisamos os principais aspectos da preparação de cenários de teste para avaliar a segurança de tais sistemas.

O primeiro passo na preparação de cenários de teste consiste em definir os objectivos e os requisitos de segurança do sistema de processamento e armazenamento de grandes volumes de dados. Estes podem incluir requisitos de confidencialidade e integridade dos dados, disponibilidade dos dados, autenticação e autorização do utilizador e proteção contra ataques externos.

Em seguida, devem ser efectuadas análises da vulnerabilidade do sistema e identificadas as potenciais vulnerabilidades que podem ser exploradas pelos atacantes para violar a segurança dos dados. Isto pode incluir a análise das vulnerabilidades do sistema operativo, das bases de dados, dos protocolos de rede e do software do sistema de processamento e armazenamento de grandes volumes de dados.

Com base na análise das vulnerabilidades, devem ser desenvolvidos cenários de teste para avaliar a eficácia das práticas de segurança dos megadados. Os cenários de teste podem incluir a simulação de ataques, a verificação da presença e da aplicação correta de mecanismos de autenticação e autorização e a verificação da presença e da aplicação correta de mecanismos de encriptação e de controlo do acesso aos dados.

Um aspeto importante da preparação dos cenários de teste é a seleção dos conjuntos de dados corretos para o teste. Os dados devem ser representativos dos casos de utilização reais do sistema de megadados e das ferramentas de segurança. Isto pode incluir dados de vários tipos, como dados de texto, numéricos, áudio e vídeo, bem como dados de vários formatos, como tabelas, documentos, imagens e ficheiros de vídeo. Por exemplo, para testar produtos anti-vírus, são utilizados conjuntos de programas de teste que são reconhecidos pelos anti-vírus como vírus. Ao testar ferramentas de filtragem de redes, é preparado um conjunto de protocolos e programas que fornecem vários métodos de ofuscação (ocultação) de dados. Ao testar sistemas de combate à fuga de informação, são preparados conjuntos de ficheiros ou palavras-chave para testar o nível de eficiência da deteção de tentativas de roubo de dados.

Em geral, vários aspectos da segurança dos dados devem ser considerados ao desenvolver cenários de teste. Por exemplo, é possível verificar como o sistema trata e armazena os dados de forma cifrada e quais os mecanismos de controlo de acesso aos dados implementados. Pode também verificar como o sistema reage a tentativas não autorizadas de acesso aos dados ou a ataques de negação de serviço.

Podem ser utilizadas várias ferramentas e tecnologias para efetuar cenários de teste. Por exemplo, podem ser utilizadas ferramentas especializadas para analisar as vulnerabilidades do sistema, bem como ferramentas para simular ataques. As ferramentas de monitorização e análise do tráfego de rede também podem ser utilizadas para identificar tentativas não autorizadas de acesso aos dados.

Depois de executar os cenários de teste, é necessário analisar os resultados obtidos e avaliar a eficácia das práticas de segurança em grandes volumes de dados. É importante ter em conta que os testes de segurança do sistema são um processo contínuo e que os resultados dos testes podem mudar ao longo do tempo. Por conseguinte, recomenda-se testar e avaliar regularmente a segurança do sistema de processamento e armazenamento de grandes volumes de dados.

A primeira etapa do teste consiste em preparar o ambiente de teste. Para o efeito, é necessário selecionar um conjunto de dados reais que serão utilizados no processo de teste. No sector bancário, podem ser dados sobre clientes, transacções, contas e outras operações financeiras. É importante certificar-se de que os dados selecionados correspondem a cenários de utilização reais e permitem avaliar a eficácia dos métodos de segurança em condições reais.

Em seguida, é necessário definir critérios para avaliar a eficácia dos métodos de segurança. Os critérios podem incluir parâmetros como a rapidez do tratamento dos dados, a fiabilidade da proteção contra o acesso não autorizado, a resistência aos ataques, a facilidade de utilização, etc.

Uma vez preparado o ambiente de teste e definidos os critérios de avaliação, pode dar-se início ao teste dos métodos de segurança. Durante o processo de teste, devem ser utilizados diferentes cenários de utilização de dados para avaliar a eficácia dos métodos em diferentes situações. Por exemplo, pode testar a forma como um método de segurança lida com grandes quantidades de dados ou se defende contra ataques em tempo real.

Uma vez concluídos os testes, é necessário analisar os resultados obtidos e tirar conclusões sobre a eficácia e a fiabilidade dos métodos de segurança aplicados aos grandes volumes de dados. É importante ter em conta todos os problemas e vulnerabilidades identificados, a fim de desenvolver recomendações para a sua eliminação e melhoria. Também é possível comparar os resultados dos testes com os requisitos de segurança do sector bancário e determinar se os métodos de segurança cumprem esses requisitos.

Assim, testar métodos de segurança em dados reais no sector bancário permite avaliar a eficácia e a fiabilidade dos métodos em condições reais, identificar potenciais vulnerabilidades e problemas e desenvolver recomendações para a sua eliminação e melhoria. Os testes em dados reais do sector bancário permitem avaliar com maior precisão a eficácia dos métodos de segurança e aplicá-los na prática.

5.2 Abordagens de ensaio para avaliar a segurança dos sistemas de processamento e armazenamento de grandes volumes de dados

As seguintes abordagens podem ser utilizadas para testar técnicas de segurança em grandes volumes de dados:

1- Teste do modelo de ameaças. Neste caso, as potenciais ameaças à segurança dos dados são identificadas e modeladas para avaliar a eficácia das práticas de segurança na prevenção ou minimização do impacto dessas ameaças.

2. testes baseados em cenários. Neste caso, são desenvolvidos cenários de ataque que podem ser utilizados para obter acesso não autorizado aos dados. As técnicas de segurança são então testadas quanto à sua eficácia na prevenção ou deteção desses ataques. A metodologia MITRE ATT&CK [39] é amplamente utilizada para catalogar diferentes tipos de ataques em componentes e melhorar a eficácia das medidas destinadas a impedir a execução de um determinado tipo de ataque.

3. testes baseados na carga. Neste caso, os métodos de segurança são testados quanto à sua eficácia no tratamento de grandes quantidades de dados e de velocidades de processamento elevadas. Neste caso, são criados testes de carga que simulam condições reais de tratamento de dados.

4. testes baseados em vulnerabilidades. Trata-se de analisar as vulnerabilidades das práticas de segurança e de as explorar para avaliar a sua eficácia na prevenção ou deteção dessas vulnerabilidades.

Após o teste, é necessário analisar os resultados obtidos e avaliar a eficácia das técnicas de segurança em grandes volumes de dados. Para o efeito, devem ser tidos em conta os seguintes aspectos

1. Conformidade com os requisitos de segurança. A avaliação da eficácia dos métodos de segurança deve basear-se na sua conformidade com os requisitos de segurança estabelecidos no sector bancário da República do Cazaquistão. É importante garantir que os métodos de segurança proporcionam o nível necessário de proteção de dados e cumprem a legislação.

2. Fiabilidade e estabilidade do desempenho. A avaliação da eficácia das práticas de segurança deve incluir uma análise da sua

fiabilidade e estabilidade. É importante garantir que as práticas de segurança funcionam sem problemas e que o nível de impacto negativo no desempenho do sistema de tratamento de dados é aceitável.

3. Defesa contra ameaças. Uma avaliação da eficácia das práticas de segurança deve incluir uma análise da sua proteção contra várias ameaças à segurança dos dados. É importante assegurar que as práticas de segurança são eficazes para impedir o acesso não autorizado aos dados e para garantir a sua confidencialidade e integridade.

4. Desempenho e escalabilidade. Uma avaliação da eficácia das práticas de segurança deve incluir uma análise do seu desempenho e escalabilidade. É importante garantir que as práticas de segurança não degradam significativamente o desempenho do sistema de tratamento de dados e que podem ser escalonadas com o aumento do volume de dados.

CONCLUSÃO

Neste documento, analisámos as questões relacionadas com a segurança do processamento de grandes volumes de dados (Big Data) no sector bancário da República do Cazaquistão. A introdução ao problema da segurança dos Grandes Dados permitiu familiarizarmo-nos com os principais aspectos deste problema, bem como com a relevância e o significado deste tópico.

No âmbito da investigação, foram considerados vários métodos de segurança de grandes volumes de dados. Foram estudadas as principais abordagens à encriptação de dados, autenticação e autorização de utilizadores, controlo do acesso aos dados, bem como métodos de deteção e prevenção de ataques a sistemas de grandes volumes de dados, e foram apresentadas medidas organizacionais destinadas a reduzir os riscos de segurança da informação quando se trabalha com grandes volumes de dados.

Para uma compreensão mais completa da situação no sector bancário da República do Cazaquistão, foi realizada uma análise dos actos regulamentares existentes e das normas internacionais de segurança da informação. Foram consideradas as normas nacionais e internacionais que regulam as questões de segurança no sector bancário. Foram igualmente assinalados os problemas relacionados com a aplicação de actos regulamentares e normas no contexto dos megadados.

Um dos principais resultados do trabalho é o desenvolvimento de recomendações para garantir a segurança dos grandes volumes de dados para o sector bancário da República do Cazaquistão. Foram definidos os principais requisitos para a segurança dos dados e foram propostos métodos e medidas para os garantir. As recomendações desenvolvidas podem ser utilizadas pelos bancos da República do Cazaquistão para melhorar o nível de segurança dos seus sistemas de processamento e armazenamento de grandes volumes de dados.

A fim de verificar a eficácia dos métodos de segurança desenvolvidos, foram analisados métodos de ensaio e avaliação da eficácia das medidas de segurança. Foram selecionados critérios de avaliação adequados e fornecidas orientações para a determinação dos métodos de ensaio.

A aplicação das recomendações desenvolvidas no sector bancário da República do Cazaquistão ultrapassa o âmbito do presente documento. Para que a aplicação seja bem sucedida, é necessário realizar formação de pessoal e adaptar as recomendações desenvolvidas às condições e requisitos específicos do sector bancário. A aplicação das normas desenvolvidas permitirá aos bancos da República do Cazaquistão aumentar o nível de segurança dos seus sistemas de tratamento e armazenamento de grandes volumes de dados, bem como assegurar de forma mais eficaz a proteção da confidencialidade e da integridade dos dados.

Em conclusão, pode referir-se que garantir a segurança no domínio dos grandes volumes de dados é um problema urgente e complexo que exige atenção e desenvolvimento constantes. O desenvolvimento de normas e recomendações sobre a segurança dos megadados para o sector bancário da República do Cazaquistão é um passo importante para resolver este problema. No entanto, deve ter-se em conta que a segurança no domínio dos grandes volumes de dados é uma área dinâmica e, por conseguinte, as normas e recomendações desenvolvidas devem ser constantemente actualizadas e adaptadas à evolução das condições e ameaças.

LISTA DE REFERÊNCIAS

1. Kozlova N. P. Utilização de tecnologias de megadados na indústria financeira // Sistemas económicos. 2020. №4. URL: [https://cyberleninka.ru/article/n/ispolzovanie-tehnologiy-big-data-v-finansovoy-otrasli] (data de referência: 18.03.2024).

2. Nurgaliev R. A. Impacto da corrupção digital na comunidade mundial: problemas e métodos de luta. - 2022. URL: https://repository.apa.kz/bitstream/handle/123456789/939/6 Nurgaliev Rakhat.pdf?sequence=1&isAllowed=y (data de referência: 14.01.2024).

3. "Assessment of cyber risks in Kazakhstan banks", junho de 2021, Deloitte e apoiado pela Agência da República do Cazaquistão para a Regulação e Desenvolvimento do Mercado Financeiro URL: https://www2.deloitte.com/content/dam/Deloitte/kz/Documents/risk/2021/%D0%9E%D1%86%D0%B5%D0%BD%D0%BA%D0%B0%20%D0%BA%D0%B8%D0%B1%D0%B5%D1%80%D1%80%D0%B8%D1%81%D0%BA%D0%BE%D0%B2%20%D0%91%D0%B0%D0%BD%D0%BA%D0%BE%D0%B2%20%D0%9A%D0%B0%D0%B7%D0%B0%D1%85%D1%81%D1%82%D0%B0%D0%BD%D0%B0-%D0%9E%D1%82%D1%87%D0%B5%D1%82%20%D0%94%D0%B5%D0%BB%D0%BE%D0%B9%D1%82%D0%B0.pdf (acedido em 15.04.2024);

4. Sobre a aprovação dos requisitos de gestão de dados. URL: https://adilet.zan.kz/rus/docs/V2200030186 (data de circulação 01.02.2024)

5. Ermolaev K. N., Musabekov O. U. BBC U01, U05, A3, CH4, A9 TS75. - 2020.URL: https://naucorp.ru/upload/iblock/095/ft98w90d0tecghxe2g5rxqv0gj6umr28/MONOGRAFIYA-KM_12_20-_set_.pdf (data de referência: 17.01.2024).

6. Talapina E. V. Proteção de dados pessoais na era digital: a lei russa no contexto europeu // Actas do Instituto do Estado e do Direito da Academia das Ciências da Rússia. - 2018. - T. 13. - №. 5. - C. 117-150. URL: https://cyberleninka.ru/article/n/zaschita-personalnyh-dannyh-v-tsifrovuyu-epohu-rossiyskoe-pravo-v-evropeyskom-kontekste (data de acesso: 08.02.2024).

7. Koval K. V. Problemas de financiamento bancário de inovações // Vestnik of Modern Research. - 2018. - №. 7.2. - C. 103-106. URL: http://portfolio.vvsu.ru/files/013B6DF7-E4F6-49EF-8FD7-B39A0E81FC24.pdf#page=103 (data de referência: 03.02.2024).

8. Pasinitskaya A. D. Digitalização no negócio da banca de retalho internacional: estado e perspectivas de desenvolvimento: tese. -

2022. URL: https://elib.bsu.by/handle/123456789/282993 (data de referência: 17.02.2024).

9. Índice Mundial de Cibersegurança URL: https://composite-indicators.jrc.ec.europa.eu/explorer/explorer/indices/GCI/global-cyber-security-index (acedido em 17.02.2024).

10. Relatório sobre a atividade da Agência da RK em matéria de regulação e desenvolvimento do mercado financeiro para 2022 URL: https://www.gov.kz/memleket/entities/ardfm/documents/details/501699?lang=ru (data do endereço 01.05.2024).

11. Martynenko N. N., Kotova E. O. Analytics and forecasts of the introduction of cloud technologies and big data in the activities of banks in an unstable economy // Financial Markets and Banks. 2022. №5. URL: https://cyberleninka.ru/article/n/analitika-i-prognozy-vnedreniya-oblachnyh-tehnologiy-i-big-data-v-deyatelnosti-bankov-v-usloviyah-nestabilnoy-ekonomiki (data de acesso: 14.01.2024).

12. Shaidullina V. K. Big data e proteção de dados pessoais: os principais problemas da teoria e da prática da regulamentação jurídica // Sociedade: política, economia, direito. 2019. №1 (66). URL: https://cyberleninka.ru/article/n/bolshie-dannye-i-zaschita-personalnyh-dannyh-osnovnye-problemy-teorii-i-praktiki-pravovogo-regulirovaniya (data de referência: 11.03.2024).

13. Kirin D. A. A., Saakov V. V., Agajanian E. Yu. Sistemas de processamento de big data para redução do trabalho humano // Pesquisa científica estudantil: coleção de artigos X. - 2022. - C. 59. URL: https://naukaip.ru/wp-content/uploads/2022/02/MK-1312.pdf#page=59 (data de referência: 18.03.2024).

14. Denisova O. Yu. Yu., Mukhutdinov E.A. Big data não é apenas o tamanho dos dados // Boletim da Universidade Tecnológica de Kazan. 2015. №4. URL: https://cyberleninka.ru/article/n/bolshie-dannye-eto-ne-tolko-razmer-dannyh (data de referência: 02.04.2024).

15. Introduction to Transparent Data Encryption URL: https://docs.oracle.com/en/database/oracle/oracle-database/12.2/asoag/introduction-to-transparent-data-encryption.html (acedido em 02.04.2024).

16. Astapenko T.S., Sokolin D.D. Problemas de segurança do sistema de processamento de grandes dados Hadoop // Reshetnev Readings. 2018. №. URL: https://cyberleninka.ru/article/n/problemy-bezopasnosti-sistemy-obrabotki-bolshih-dannyh-hadoop (data de referência: 09.02.2024).

17. Polyanin A.V., Dolgova S.A. Tendências modernas do comércio eletrónico no sector bancário // EGI. 2018. №3 (21). URL: https://cyberleninka.ru/article/n/sovremennye-tendentsii-elektronnogo-biznesa-v-bankovskom-sektore (data de acesso: 10.03.2024).

18. Kulikova O. M., Tropynina N. E. Problemas de utilização da tecnologia de big data nas condições de mercado modernas // Economia inovadora: perspectivas de desenvolvimento e melhoria. M. M., Tropynina N. E. Problemas de utilização da tecnologia de big data em condições de mercado modernas // Economia inovadora: perspectivas de desenvolvimento e melhoria. 2022. №7 (65). URL: https://cyberleninka.ru/article/n/problemy-ispolzovaniya-tehnologii-big-data-v-sovremennyh-rynochnyh-usloviyah (data de referência: 18.03.2024).

19. Sobre a aprovação dos requisitos para garantir a segurança da informação dos bancos, sucursais de bancos não residentes da República do Cazaquistão e organizações envolvidas em determinados tipos de operações bancárias, regras e termos de fornecimento de informações sobre incidentes de segurança da informação, incluindo informações sobre violações, falhas nos sistemas de informação. URL: https://adilet.zan.kz/rus/docs/V1800016772 (data de circulação: 18.03.2024).

20. Ivanov K. V., Balyakin A. A., Malyshev A. S. Tecnologias de grandes volumes de dados como ferramenta para garantir a segurança nacional // π-Economia. 2020. №1. URL: https://cyberleninka.ru/article/n/tehnologii-bolshih-dannyh-kak-instrument-obespecheniya-natsionalnoy-bezopasnosti (data do endereço: 18.03.2024).

21. ST RK ISO/IEC 27001-2015 "Tecnologia da informação. Métodos e meios para garantir a segurança. Sistemas de gestão da segurança da informação. Requisitos" URL: https://online.zakon.kz/Document/?doc_id=36588184 (data de circulação: 01.05.2024)

22. NIST SP 800-53 Rev. 5 "Security and Privacy Controls for Information Systems and Organisations" URL: https://csrc.nist.gov/pubs/sp/800/53/r5/upd1/final (acedido em 01.05.2024)

23. Quadro de controlos de segurança do cliente Swift URL: https://www.swift.com/ru/node/300801 (acedido em 08.04.2024)

24. Dolzhikova A. E., Sembekova B. R., Yasin M. Regulamentação da aplicação de Big Data na República da Coreia e na Rússia // Vestnik of SPbSU. Série 14. Lei. 2022. №1. URL: https://cyberleninka.ru/article/n/regulirovanie-primeneniya-bolshihdannyh-v-respublike-koreya-i-rossii (data do endereço: 18.03.2024).

25. Requisitos para garantir a segurança da informação dos bancos, sucursais de bancos não residentes da República do Cazaquistão e organizações envolvidas em determinados tipos de operações bancárias,

aprovados pela Resolução do Conselho de Administração da ARRFR n.º 48 de 27.03.2018.

26. Controlos críticos de segurança do CIS. URL: https://www.cisecurity.org/controls/v8_pre (acedido em 19.03.2024).

27. Base de dados Kazpost com dados de clientes colocada à venda no sítio de piratas informáticos URL: https://kaztag.kz/en/news/kazpost-database-with-customer-data-offered-for-sale-on-hacker-site- (data do endereço: 18.03.2024).

28. Portal de informação polisia.kz URL: https://polisia.kz/ru/v-almaty-proshla-spetsoperatsiya-po-zaderzhaniyu-krupnogo-hakera/ (data de referência: 18.03.2024).

29. Analysing the Spear Phishing Threat to the RK Banking Segment URL: https://tntsecure.kz/en/lokibot.html (acedido em 18.03.2024).

30. Procuradoria da cidade de Almaty URL: https://www.gov.kz/memleket/entities/prokuratura-almaty/press/news/details/210761?lang=ru (data de referência: 18.03.2024).

31. Sobre a realização do risco operacional no Banco URL: https://t.me/risktakerskz/1430 (data de acesso: 18.03.2024).

32. Estatísticas do Serviço de Resposta a Incidentes Informáticos. URL: https://lsm.kz/hakery-chashe-vsego-atakuyut-finsektor-i-gosorgany-kazahstana (data de acesso: 18.03.2024).

33. Segurança da informação no mercado financeiro. URL: https://bizmedia.kz/2023-12-25-informaczionnaya-bezopasnost-na-finansovom-rynke-chto-nuzhno-znat-kazahstanczam/ (data de referência: 18.03.2024).

34. Resolução do Conselho de Administração da ARFMR n.º 89, de 21 de setembro de 2020. "Sobre a aprovação dos requisitos de competências dos chefes e funcionários dos departamentos de segurança da informação, incluindo os requisitos para o desenvolvimento profissional das pessoas responsáveis por garantir a segurança da informação.

35. Relativo à Aprovação dos Requisitos de Competências dos Responsáveis e Colaboradores das Unidades de Segurança da Informação, incluindo os Requisitos de Desenvolvimento Profissional das Pessoas Responsáveis por Garantir a Segurança da Informação. URL: https://adilet.zan.kz/rus/docs/V2000021251 (data de acesso: 18.03.2024).

36. Orlov G. A., Krasov A. A. V., Gelfand A. M. Aplicação de grandes volumes de dados na análise de grandes volumes de dados em redes informáticas // Tecnologias de ciência intensiva na investigação espacial da Terra. 2020. №4. URL: https://cyberleninka.ru/article/n/primenenie-big-data-pri-analize-bolshih-dannyh-v-kompyuternyh-setyah (data do endereço: 19.03.2024).

37. Martynenko N. N., Kotova E. O. Analytics and forecasts of the introduction of cloud technologies and big data in the activities of banks in an unstable economy // Financial Markets and Banks. 2022. №5. URL: https://cyberleninka.ru/article/n/analitika-i-prognozy-vnedreniya-oblachnyh-tehnologiy-i-big-data-v-deyatelnosti-bankov-v-usloviyah-nestabilnoy-ekonomiki (data de acesso: 19.03.2024).

38. OWASP Data Security Top 10. URL: https://owasp.org/www-project-data-security-top-10/ (acedido em 19.03.2024).

39. Matriz ATT&CK para empresas. URL: https://attack.mitre.org/(acedido em 27.03.2024).

Apêndice A - Lista de actos jurídicos regulamentares e leis da República do Cazaquistão no domínio da segurança da informação do mercado financeiro.

Organizações de seguros
Decisão do Conselho de Administração (a seguir designado por "CA") do NBRK n.º 14, de 28 de janeiro de 2016. "Sobre a aprovação das regras para a determinação do montante dos danos causados a um veículo a motor"
PP ARRFR n.º 67 de 12 de setembro de 2022 "Aprovação das Regras de Ligação e Utilização pelas Instituições Financeiras do Mecanismo de Informatização para a Recolha, Tratamento e Troca de Informações sobre Eventos e Incidentes de Segurança da Informação Utilizado pelo Centro Sectorial de Segurança da Informação do Mercado Financeiro e das Instituições Financeiras"
PP ARRFR n.º 110, de 23 de novembro de 2020. "Sobre a aprovação das regras de avaliação do nível de proteção contra ameaças à segurança da informação"
PP ARRFR n.º 111, de 23 de novembro de 2020. "Sobre a aprovação da metodologia de avaliação do risco de segurança da informação, incluindo o procedimento de classificação das organizações financeiras por exposição ao risco de segurança da informação".
PP NBRK Nº 164 de 10.07.2018. "Aprovação dos requisitos para a organização do trabalho seguro, garantindo a segurança e a proteção da informação contra o acesso não autorizado aos dados armazenados numa organização de seguros (resseguros), bem como a cibersegurança de uma organização de seguros (resseguros)"
PP AFN n.º 177 de 25.06.2007. "Sobre a aprovação dos requisitos para as actividades da organização na formação e manutenção da base de dados"
PP NBRK n.º 259, de 29 de outubro de 2018. "Aprovação das regras de colocação de informações no recurso Internet de uma companhia de seguros, corretor de seguros, sucursal de uma organização de seguros (resseguros) - não residente na República do Cazaquistão, sucursal de um corretor de seguros - não residente na República do Cazaquistão, organização que garante o pagamento de seguros aos segurados (segurados, beneficiários) em caso de liquidação forçada de companhias de seguros, sucursais de organizações de seguros (resseguros) - não residentes na República do Cazaquistão, provedor de seguros, organização de companhias de seguros - não residentes na República do Cazaquistão, provedor de seguros, corretor de seguros - não residente na República do Cazaquistão, corretor de seguros - não residente na República do Cazaquistão
Organizações de microfinanciamento
PP ARRFR n.º 67 de 12 de setembro de 2022 "Aprovação das Regras de Ligação e Utilização pelas Instituições Financeiras do Objeto de Informatização para Recolha, Tratamento e Troca de Informação sobre Eventos e Incidentes de Segurança da Informação Utilizado pelo Centro Sectorial de Segurança da Informação do Mercado Financeiro e das Organizações Financeiras"
PP ARRFR n.º 110, de 23 de novembro de 2020. "Sobre a aprovação das regras de avaliação do nível de proteção contra ameaças à segurança da informação"

PP ARRFR n.º 111, de 23 de novembro de 2020. "Sobre a aprovação da metodologia de avaliação do risco de segurança da informação, incluindo o procedimento de classificação das organizações financeiras por exposição ao risco de segurança da informação".
PP NBRK Nº 217 de 28.11.2019. "Sobre a aprovação das regras para a concessão de microcréditos por via eletrónica"
PP NBRK n.º 228 de 27.09.2018. "Aprovação dos Requisitos para a Utilização das Tecnologias de Informação e Comunicação e da Segurança da Informação na Organização das Actividades dos Gabinetes de Crédito, dos Fornecedores de Informação e dos Destinatários de Relatórios de Crédito Sendo Bancos, Organizações Envolvidas em Determinados Tipos de Operações Bancárias, Organizações de Microfinanças e Agências de Cobrança, bem como dos Requisitos para os Fornecedores de Informação e Destinatários de Relatórios de Crédito pelos Gabinetes de Crédito nos termos da alínea 11) do n.º 2 e da alínea 9) do n.º 3 com a
Organizações que realizam actividades de troca de moeda em numerário
PP NBRK № 20 de 28 de fevereiro de 2022 "Sobre a aprovação dos requisitos das regras de controlo interno para combater o branqueamento de capitais e o financiamento do terrorismo para as entidades jurídicas que operam exclusivamente através de agências de câmbio sob licença do Banco Nacional da República do Cazaquistão para operações de câmbio com moeda estrangeira em numerário, e entidades jurídicas cuja atividade exclusiva é a recolha de notas, moedas e valores".
PP NBRK n.º 49, de 4 de abril de 2019. "Sobre a aprovação das regras para a execução de operações de câmbio com moeda estrangeira em numerário na República do Cazaquistão"
PP NBK #91 de 20 de julho de 2020. "Sobre a aprovação da lista, formulários e termos de relatório sobre o cumprimento dos requisitos da legislação da República do Cazaquistão em matéria de combate à legalização (branqueamento) dos produtos do crime e financiamento do terrorismo por uma entidade jurídica que opera exclusivamente através de uma casa de câmbio com base numa licença do Banco Nacional da República do Cazaquistão para operações de câmbio com moeda estrangeira em dinheiro, e as Regras para a sua apresentação".
Organismos de pagamento
PP NBK n.º 200 de 31 de agosto de 2016. "Sobre a aprovação dos requisitos para medidas organizacionais e meios de software e hardware que garantem o acesso aos sistemas de pagamento".
PP NBRK n.º 202 de 31 de agosto de 2016. "Aprovação das regras para a emissão, utilização e resgate de moeda eletrónica, bem como dos requisitos para os emitentes de moeda eletrónica e sistemas de moeda eletrónica no território da República do Cazaquistão".
PP NBK n.º 215 de 31 de agosto de 2016 "Aprovação das regras de organização das actividades das instituições de pagamento"
Leis

Lei "relativa à regulamentação, controlo e supervisão estatais do mercado financeiro e das organizações financeiras"
Lei "sobre a regulamentação e o controlo da moeda"
Lei "sobre bancos e actividades bancárias na República do Cazaquistão"
Lei "relativa às agências de notação de crédito e à formação do historial creditício na República do Cazaquistão"
Lei "Sobre o Banco Nacional da República do Cazaquistão"
Lei "Sobre as actividades de cobrança"
Lei "Sobre o mercado de valores mobiliários"
Lei "Sobre a atividade de microfinanciamento"
Lei "Sobre as actividades de seguros"
Lei "relativa aos pagamentos e sistemas de pagamento"
Bancos
PP NBRK n.º 11, de 28 de fevereiro de 2022, n.º 11 "Sobre a aprovação dos requisitos das regras de controlo interno para o combate ao branqueamento de capitais, ao financiamento do terrorismo e ao financiamento da proliferação de armas de destruição maciça para as instituições de pagamento".
PP NBRK № 14 de 24 de fevereiro de 2020. "Sobre a aprovação das regras de organização da segurança e do dispositivo das instalações dos bancos de segunda linha, sucursais de bancos não residentes da República do Cazaquistão, o Operador Postal Nacional, entidades jurídicas cuja atividade exclusiva é a recolha de notas, moedas e valores, e entidades jurídicas que operam exclusivamente através de casas de câmbio com base numa licença do Banco Nacional da República do Cazaquistão para operações de câmbio com moeda estrangeira em numerário".
PP NBRK Nº 34 dd. 28.01.2016. "Sobre a aprovação dos requisitos de segurança e continuidade de funcionamento dos sistemas de informação dos bancos e das organizações envolvidas em determinados tipos de operações bancárias".
PP ARRFR n.º 36 de 30 de março de 2020. "Sobre a aprovação das Regras para a emissão de autorização de abertura de um banco, sucursal de um banco não residente da República do Cazaquistão e motivos de recusa de emissão de autorização de abertura de um banco, Regras para a concessão de licenças a bancos, sucursais de bancos não residentes da República do Cazaquistão para a realização de operações bancárias e outras operações previstas na legislação bancária da República do Cazaquistão, licenciamento de operações bancárias e outras operações realizadas por bancos islâmicos, sucursais de bancos islâmicos não residentes da República do Cazaquistão".
PP NBRK Nº 47 dd. 27.03.2018. "Sobre a Aprovação das Regras e Termos de Submissão pelos Bancos da Disponibilidade dos Sistemas de Gestão de Segurança da Informação e do Cumprimento dos Requisitos de Segurança da Informação ao Centro Nacional de Coordenação de Segurança da Informação".

PP NBRK n.º 48 de 27.03.2018. "Sobre a aprovação dos requisitos para garantir a segurança da informação de bancos e organizações envolvidas em determinados tipos de operações bancárias, regras e termos de fornecimento de informações sobre incidentes de segurança da informação, incluindo informações sobre violações, falhas em sistemas de informação".
PP NBRK n.º 49, de 4 de abril de 2019. "Sobre a aprovação das regras para a execução de operações de câmbio com moeda estrangeira em numerário na República do Cazaquistão"
PP NBRK n.º 64, de 10 de abril de 2019. "Sobre a aprovação das regras de controlo das operações cambiais na República do Cazaquistão"
PP ARRFR n.º 67 de 12 de setembro de 2022 "Aprovação das Regras de Ligação e Utilização pelas Instituições Financeiras do Mecanismo de Informatização para a Recolha, Tratamento e Troca de Informações sobre Eventos e Incidentes de Segurança da Informação Utilizado pelo Centro Sectorial de Segurança da Informação do Mercado Financeiro e das Instituições Financeiras"
PP ARRFR n.º 89, de 21 de setembro de 2020. "Sobre a Aprovação dos Requisitos de Competências dos Responsáveis e Colaboradores dos Departamentos de Segurança da Informação, Incluindo os Requisitos de Desenvolvimento Profissional dos Responsáveis pela Segurança da Informação".
PP ARRFR n.º 90, de 21 de setembro de 2020. "Sobre a aprovação de requisitos para serviços de resposta a incidentes de segurança da informação, investigações internas de incidentes de segurança da informação".
PP ARRFR n.º 110, de 23 de novembro de 2020. "Sobre a aprovação das regras de avaliação do nível de proteção contra ameaças à segurança da informação"
PP ARRFR n.º 111, de 23 de novembro de 2020. "Sobre a aprovação da metodologia de avaliação do risco de segurança da informação, incluindo o procedimento de classificação das organizações financeiras por exposição ao risco de segurança da informação".
PP NBRK n.º 120 de 28 de setembro de 2020. "Sobre a aprovação das regras para operações em numerário com pessoas singulares e colectivas no Banco Nacional da República do Cazaquistão".
PP NBRK Nº 188 de 12.11.2019. "Sobre a aprovação das regras para a formação do sistema de gestão de riscos e controle interno para bancos de segundo nível"
PP NBK n.º 200 de 31 de agosto de 2016. "Sobre a aprovação dos requisitos para medidas organizacionais e meios de software e hardware que garantem o acesso aos sistemas de pagamento".
PP NBRK n.º 201, de 31 de agosto de 2016. "Sobre a Aprovação das Regras de Funcionamento do Sistema Interbancário de Transferência de Dinheiro"
PP NBRK n.º 202 de 31 de agosto de 2016. "Aprovação das regras para a emissão, utilização e resgate de moeda eletrónica, bem como dos requisitos para os emitentes de moeda eletrónica e sistemas de moeda eletrónica na República do Cazaquistão".

PP NBRK n.º 205, de 31 de agosto de 2016. "Aprovação das regras para a emissão de cartões de pagamento, bem como dos requisitos para as actividades de prestação de serviços de transacções com a sua utilização no território da República do Cazaquistão".
NBRK PP n.º 207, de 31 de agosto de 2016. "Sobre a aprovação das regras de abertura, manutenção e encerramento de contas bancárias de clientes"
PP NBRK n.º 208, de 31 de agosto de 2016, "Aprovação das regras para pagamentos que não em numerário e (ou) transferências de dinheiro no território da República do Cazaquistão"
PP NBRK n.º 211, de 31 de agosto de 2016. "Sobre a Aprovação das Regras de Funcionamento do Sistema de Compensação Interbancária"
NBRK PP n.º 212 de 31 de agosto de 2016. "Sobre a aprovação das regras para a prestação de serviços bancários electrónicos por bancos e organizações envolvidas em determinados tipos de operações bancárias".
PP NBRK n.º 216 de 31 de agosto de 2016. "Aprovação das regras para pagamentos interbancários e (ou) transferências de dinheiro em transacções com cartões de pagamento na República do Cazaquistão".
PP NBRK nº 217, de 31 de agosto de 2016. "Sobre a aprovação das regras de funcionamento do sistema interbancário de cartões de pagamento".
PP NBRK n.º 228 de 27.09.2018. "Aprovação dos Requisitos para a Utilização das Tecnologias de Informação e Comunicação e da Segurança da Informação na Organização das Actividades dos Gabinetes de Crédito, dos Fornecedores de Informação e dos Destinatários de Relatórios de Crédito Sendo Bancos, Organizações Envolvidas em Determinados Tipos de Operações Bancárias, Organizações de Microfinanças e Agências de Cobrança, bem como dos Requisitos para os Fornecedores de Informação e Destinatários de Relatórios de Crédito pelos Gabinetes de Crédito nos termos da alínea 11) do n.º 2 e da alínea 9) do n.º 3 com a
Mercado de valores mobiliários
PP ARRFR n.º 67 de 12 de setembro de 2022 "Aprovação das Regras de Ligação e Utilização pelas Instituições Financeiras do Objeto de Informatização para a Recolha, Tratamento e Troca de Informação sobre Eventos e Incidentes de Segurança da Informação Utilizado pelo Centro Sectorial de Segurança da Informação do Mercado Financeiro e das Organizações Financeiras"
PP ARRFR n.º 90, de 21 de setembro de 2020. "Sobre a aprovação de requisitos para serviços de resposta a incidentes de segurança da informação, investigações internas de incidentes de segurança da informação".
PP ARRFR n.º 110, de 23 de novembro de 2020. "Sobre a aprovação das regras de avaliação do nível de proteção contra ameaças à segurança da informação"
PP ARRFR n.º 111, de 23 de novembro de 2020. "Sobre a aprovação da metodologia de avaliação do risco de segurança da informação, incluindo o procedimento de classificação das organizações financeiras por exposição ao risco de segurança da informação".

PP NBRK nº 165 de 28.04.2012. "Sobre a aprovação dos requisitos de software e hardware e outros equipamentos necessários às actividades no mercado de valores mobiliários".
PP NBRK nº 318, de 28 de dezembro de 2018. "Sobre a aprovação das regras para a formação do sistema de gestão de riscos e controlo interno da Central de Valores Mobiliários"
Organismos de recolha
PP ARRFR n.º 61, de 12 de setembro de 2022, "Aprovação dos requisitos aplicáveis às filiais do banco que adquirem activos de cobrança duvidosa e incobráveis do banco-mãe e às agências de cobrança que actuam como empresas de serviços para as quais os direitos (créditos) ao abrigo de contratos de empréstimo bancário e (ou) contratos de microcrédito podem ser transferidos para a gestão fiduciária".
Agências de crédito
PP NBRK n.º 228 de 27.09.2018. "Aprovação dos Requisitos para a Utilização das Tecnologias de Informação e Comunicação e da Segurança da Informação na Organização das Actividades dos Gabinetes de Crédito, dos Fornecedores de Informação e dos Destinatários de Relatórios de Crédito Sendo Bancos, Organizações Envolvidas em Determinados Tipos de Operações Bancárias, Organizações de Microfinanças e Agências de Cobrança, bem como dos Requisitos para os Fornecedores de Informação e Destinatários de Relatórios de Crédito pelos Gabinetes de Crédito nos termos da alínea 11) do n.º 2 e da alínea 9) do n.º 3 com a
Organizações que efectuam certos tipos de operações bancárias
PP NBRK Nº 34 dd. 28.01.2016. "Sobre a aprovação dos requisitos de segurança e continuidade de funcionamento dos sistemas de informação dos bancos e das organizações envolvidas em determinados tipos de operações bancárias".
PP NBRK n.º 48 de 27.03.2018. "Sobre a aprovação dos requisitos para garantir a segurança da informação dos bancos e organizações envolvidas em determinados tipos de operações bancárias, regras e termos de fornecimento de informações sobre incidentes de segurança da informação, incluindo informações sobre violações, falhas nos sistemas de informação".
PP ARRFR n.º 67 de 12 de setembro de 2022 "Aprovação das Regras de Ligação e Utilização pelas Instituições Financeiras do Objeto de Informatização para a Recolha, Tratamento e Troca de Informação sobre Eventos e Incidentes de Segurança da Informação Utilizado pelo Centro Sectorial de Segurança da Informação do Mercado Financeiro e das Organizações Financeiras"
PP ARRFR n.º 90, de 21 de setembro de 2020. "Sobre a aprovação de requisitos para serviços de resposta a incidentes de segurança da informação, investigações internas de incidentes de segurança da informação".
PP ARRFR n.º 110, de 23 de novembro de 2020. "Sobre a aprovação das regras de avaliação do nível de proteção contra ameaças à segurança da informação"

PP ARRFR n.º 111, de 23 de novembro de 2020. "Sobre a aprovação da metodologia de avaliação do risco de segurança da informação, incluindo o procedimento de classificação das organizações financeiras por exposição ao risco de segurança da informação".

Printed by Books on Demand GmbH, Norderstedt / Germany